코인과 세금, 그리고
자금출처조사 이야기

코인과 세금, 그리고 자금출처조사 이야기

초판 1쇄 발행 2024년 3월 22일

지은이 이상웅, 최단비
펴낸이 장길수
펴낸곳 지식과감성#
출판등록 제2012-000081호

교정 이주희
디자인 강샛별, 오정은
편집 오정은
검수 한장희, 정윤솔
마케팅 김윤길, 정은혜

주소 서울시 금천구 벚꽃로298 대륭포스트타워6차 1212호
전화 070-4651-3730~4
팩스 070-4325-7006
이메일 ksbookup@naver.com
홈페이지 www.knsbookup.com

ISBN 979-11-392-1705-6(03320)
값 17,000원

- 이 책의 판권은 지은이에게 있습니다.
- 이 책 내용의 전부 또는 일부를 재사용하려면 반드시 지은이의 서면 동의를 받아야 합니다.
- 잘못된 책은 구입하신 곳에서 바꾸어 드립니다.

지식과감성#
홈페이지 바로가기

"조사 전문 세무사가 알려 드리는 부동산·코인 자금출처조사 설명서"

코인과 세금, 그리고 자금출처조사 이야기

이상웅 · 최단비 공저

COIN-TAX

코인은 세금이 없다는데 국세청에서 세금 내래요!
코인 대박 나서 아파트 샀는데 왜 세무조사를 받나요?
세무조사 위험 없이 자녀의 내 집 마련을 도와줄 절세방법이 있나요?

목차

머리말 ... 6

1장
두려운 세무조사

01 세무조사란 무엇인가 ... 12
02 세무조사 대상자로 선정되는 이유 ... 18
03 국세부과의 원칙 ... 22
04 세무조사의 원칙 ... 28
05 납세자를 위한 권리구제제도 ... 36

2장
끝까지 따라다니는 자금출처조사

01 자금출처조사란 뭘까? ... 42
02 자금조달계획서 ... 48
03 자금출처조사는 누구에게 나올까 ... 57
04 국세청이 자금출처조사로 세금을 추징할 수 있는 이유 ... 69
05 실제 자금출처조사 대응 과정은 어떻게 이루어지는가 ... 73
06 차용거래와 증여의 구분 ... 81
07 자금출처조사 관련 자주 묻는 질문(Q&A) ... 92

3장
코인(가상자산)과 세금, 코인도 세금을 내나요?

01 세법에서의 코인(가상자산)이란 ... 99
02 양도 또는 대여 ... 102
03 증여 또는 상속 ... 108

04 레퍼럴 113
05 DeFi, 스테이킹 116
06 PoW, PoS 117
07 에어드롭 118

4장

코인(가상자산)과 자금출처조사

01 실제로 코인 관련 자금출처조사는 어떻게 진행되고 있을까? 122
02 코인 투자자(소득자)에게 자금출처조사가 많이 나오는 이유 123
03 소득입증 과정 (실제 대응했던 자금출처조사 사례를 중심으로) 125

5장

그렇다면 자금출처조사는 어떻게 대응해야 하는가

01 최근 세무조사 트렌드 136
02 미리 자금출처조사를 대비할 수는 없을까? 139
03 자금출처조사 대응방법 142

6장

자녀에게 주택을 주는 절세의 기술

01 자금출처조사 위험성 없이도 자녀의 내 집 마련을 도와줄 방법이 있다 152
02 자녀의 내 집 마련을 도와줄 절세컨설팅: 부동산 증여 154
03 자녀의 내 집 마련을 도와줄 절세컨설팅: 부담부증여 162
04 자녀의 내 집 마련을 도와줄 절세컨설팅: 저가양도 168
05 자녀의 내 집 마련을 도와줄 절세컨설팅: 교환 184

머리말

　세상이 정말 빠르게 변하고 있습니다. 아이폰이 출시되고 알파고를 지나 챗GPT가 나오기까지 15년이면 충분했습니다. 세상이 변하는 동안 국세청 역시 새로운 시스템을 도입하는 등 많은 발전을 이뤄냈습니다. 불과 10년 전만 해도 조용히 넘어갈 수 있었던 탈세행위들이 지금은 대부분 국세청 전산망에 포착되고 있습니다. 성실 납세를 유도하기 위해 빅데이터 기반 분석시스템, 맞춤형 포렌식 툴 개발 등에 많은 예산을 투입하여 매년 점차 고도화되는 분석시스템을 갖춰 나가고 있기 때문입니다. 또한 고액현금거래제도 도입, 자금조달계획서 의무작성, 코인(가상자산)을 해외금융계좌 신고 대상에 포함시키는 등 변화하는 시대 흐름에도 발 빠르게 맞춰 나가고 있습니다. 이에 따라 세무조사 대상자의 범위가 점차 확대되고 있으며, 납세자의 상황에 맞는 맞춤형 세무조사가 진행되고 있습니다.

　특히 부동산 가치가 급등하면서 국세청은 최근 수년간 개인이 부동산이나 고가의 차량을 취득하는 경우 취득자금의 출처를 밝히도록 하는 '자금출처조사'에 많은 인력과 시간을 투입하고 있으며, 그에 따라 실시되는 자금출처조사 건수와 추징세액이 대폭 증가하였습니다.

코인으로 불리는 가상자산 시장의 엄청난 시세 상승으로 큰 수익을 얻은 20, 30대의 코인 투자자들이 고가의 부동산을 취득하는 사례가 늘어나면서 기존의 자금출처조사의 내용과 구분되는 '코인소득과 관련된 자금출처조사'라는 새로운 전문 분야가 생겨나게 됐습니다.

하지만, 소위 세무전문가들 중에서도 자금출처조사를 전문적으로 다루는 이들의 수는 많지 않습니다. 우리나라는 종합소득세, 취득세, 법인세, 양도세, 증여세, 상속세, 종합부동산세 등 다양한 세금의 종류가 있으며, 세목별로 파생되는 업무 분야는 더욱 세분화되어 있기 때문입니다. 특히 세무조사는 이론과 실무의 차이가 가장 큰 분야 중 하나로서 세무전문가들도 쉽게 접하지 못하는 분야입니다.

본서의 목적은 세무조사 중에서도 부동산 취득과 코인 투자와 관련된 내용의 자금출처조사에 대하여 반드시 알아야 할 내용을 쉽게 설명하여 자금출처조사를 걱정하시는 납세자분들을 돕는 것입니다. 현재 일선에서 지방국세청 및 세무서의 자금출처조사에 대한 대응 업무를 전문으로 하고 있는 세무사로서 수많은 자금출처조사를 대응하면서 느낀 점을 전달하여 세무조사를 무섭고 막연한 것으로 느껴왔을 납세자분들이 보다 친숙하게 세무조사를 접하고 대비할 수 있도록 집필하였습니다.

특히 코인 관련 자금출처조사의 경우 코인소득을 과세하기 위한 관련 규정이 충분히 마련되지 않은 상황에서 실제 세무조사를 진행했을 때 담당 조사팀마저 쉽게 결정하지 못하는 세무상 이슈들이 많아 난감해하는 상황이 빈번하게 발생하고 있습니다. 2021년 PwC의 가상자산 세금 보고서에도 언급한 것처럼 우리나라의 가상자산 과세체계 수준은 글로벌 주요국 수준에 미치지 못하고 있습니다. 이처럼 현재 가장 복잡하고 난해한 분야 중 하나인 코인(가상자산) 관련 자금출처조사에 대해 막연한 걱정을 하고 있을 코인 투자자분들에게 작은 지침서가 되었으면 하는 마음으로 책을 썼습니다. 본서는 집필 목적을 달성하기 위해 다음의 특성을 담았습니다.

첫째, 어려운 이론과 세법 규정은 최소화했습니다.
세법 규정과 이론에 대해 서술한 서적들은 많이 찾아볼 수 있습니다. 세법은 모든 세금 분야의 근간으로 실무자라면 반드시 알아야 하지만, 세무조사를 받게 되는 납세자분들에게 현실적인 도움으로 다가오지 않을 수 있습니다. 따라서 납세자분들에게 직접적인 도움이 될 수 있는 규정과 이론에 대한 내용을 위주로 전달하려 노력했습니다. 또한 책을 읽으면서 쉽게 내용을 이해할 수 있도록 그리고 여러 번 다시 읽고 싶은 마음이 들 수 있도록 불필요한 내용을 줄이고, 핵심적인 내용만을 담으려 노력했습니다.

둘째, 실제 사례를 함께 담았습니다.
수많은 자금출처조사를 대응하면서 크게 느낀 것은 같은 내용의 자금출처조사는 있을 수 없다는 점입니다. 납세자의 나이와 직업이 다르며, 부동산 취득금액, 취득시기, 취득자금 마련의 과정과 방식도 너무나 다양하기 때문입니다. 특히 코인의 경우 매매·DeFi·스테이킹·레퍼럴 등 수익의 출처가 다양하며, 소득을 얻게 되는 과정과 해당 사실관계에 따라 소득의 구분 및 과세대상 여부에 대한 판단이 선행되어야 합니다. 또한 프리미엄거래, 아비트리지, 스왑거래 등 매매거래의 방식에 따라 필요한 정보가 다르고, 이용하는 거래소마다 얻을 수 있는 자료가 다르기 때문에 같은 내용과 같은 과정으로 흘러가는 세무조사는 있을 수 없습니다.

따라서 자금출처조사에서 누구에게나 공통적으로 적용될 수 있는 진리는 없으며, 누군가에게는 문제를 해결할 수 있는 좋은 방법이 다른 이에게는 오히려 악영향을 미치는 방법이 될 수 있기 때문에 직접적인 사례를 설명하여 이해를 도우려 노력했습니다.

셋째, 실무자가 아닌 납세자분들이 이해하기 쉽게 서술했습니다.
어려운 세법 용어를 최대한 이해하기 쉬운 단어로 대체하였고, 여러 규정이 복합적으로 적용되는 경우 해당 규정을 나열해서 설명하기보다 관련 사례에 종합적으로 미치는 영향을 한 번에 이해할 수 있도록 서술하였습니다.

자금출처조사를 받는 궁극적인 이유는 내야 하는 세금을 적게 내면서 많은 재산을 취득했기 때문입니다. 흔히 부모님의 상속세 절세를 위해, 무주택자인 자녀의 내 집 마련을 도와주기 위해 자녀에게 증여를 계획하지만, 최고 50%에 육박하는 세금이 부담되어 적게 신고하거나 신고하지 않는 경우가 많습니다. 세금을 신고하지 않거나 적게 신고하는 것은 '탈세'지만, 세법의 테두리 안에서 적법하게 세금을 줄일 수 있는 '절세' 전략들이 있습니다. 교환·가족 간 매매·부담부증여 등 절세하는 방법들을 자세히 소개함으로써 자금출처조사의 근본적인 해결책을 제시하려 노력했습니다.

본서의 내용이 독자분들에게 깊은 울림으로 다가갔으면 좋겠습니다.

[1장] 두려운 세무조사

01 세무조사란 무엇인가

1. 세무조사의 정의

세무조사란 조사의 대상이 되는 세목, 기간을 특정하여 상당한 기간 동안 관련 장부·서류 등을 검사·조사하거나 질문 또는 소명을 요구하고 최종적으로 세액을 결정하여 강제적으로 추징하는 활동을 의미합니다.

> **국세기본법 제2조(정의)**
> 21. "세무조사"란 국세의 과세표준과 세액을 결정 또는 경정하기 위하여 질문을 하거나 해당 장부·서류 또는 그 밖의 물건(이하 "장부등"이라 한다)을 검사·조사하거나 그 제출을 명하는 활동을 말한다.

세무조사는 국세청에서 조사받는 납세자를 대상으로 세법에서 규정하는 질문조사권 또는 질문검사권에 근거하여 질문, 검사, 조사 및 제출을 명하는 강제적인 권한이 있고, 세무공무원의 질문에 거짓으로 진술하거나 기피하는 경우 과태료를 부과할 수 있습니다. 질문조사권은 「법인세법」, 「소득세법」, 「부가가치세법」, 「상속세 및 증여세법」에 각각 규정되어 있습니다.

> **소득세법 제170조(질문·조사)**
>
> ① 소득세에 관한 사무에 종사하는 공무원은 그 직무 수행을 위하여 필요한 경우에는 다음 각 호의 어느 하나에 해당하는 자에 대하여 질문을 하거나 해당 장부·서류 또는 그 밖의 물건을 조사하거나 그 제출을 명할 수 있다. 다만, 제21조 제1항 제26호에 따른 종교인소득(제21조 제4항에 해당하는 경우를 포함한다)에 대해서는 종교단체의 장부·서류 또는 그 밖의 물건 중에서 종교인소득과 관련된 부분에 한정하여 조사하거나 그 제출을 명할 수 있다.
>
> **국세기본법 제88조(직무집행 거부 등에 대한 과태료)**
>
> ① 관할 세무서장은 세법의 질문·조사권 규정에 따른 세무공무원의 질문에 대하여 거짓으로 진술하거나 그 직무집행을 거부 또는 기피한 자에게 5천만원 이하의 과태료를 부과·징수한다.

세무조사가 납세자들에게 두렵고 어려운 존재일 수밖에 없는 이유는 이처럼 납세자의 재산을 추징할 수 있는 강제력을 가지기 때문입니다.

후술하겠지만 반대로 세무조사를 받는 납세자의 정당한 권리 역시 보장되어야 합니다. 세무조사가 남용된다면 발생할 수 있는 각종 부작용과 납세자의 재산권이나 영업에 미칠 수 있는 막대한 영향을 고려했을 때 세무조사는 법이 정한 사유에 해당하는 경우에 한하여 개시되어야 합니다. 또한 세무조사 개시 사유에 해당하는지 여부는 엄격하게 해석되어야 하며, 과세원인 및 과세표준금액 등 과세요건이 되는 사실에 대한 증명책임은 과세관청에게 있음을 원칙으로 하고 있습니다.

실제로 세무조사의 과정에서 납세자에게 과도하게 소명을 요청하거나 부당하게 세금을 결정하는 경우가 있으므로 세무조사를 대응하는 세무대리인은 납세자를 위해 세무조사 시작 단계와 조사 과정에서 조사 내용의 적정성에 대해 따져 보아야 할 것입니다.

2. 세무조사의 종류

〈1〉 일반세무조사

일반세무조사란 기획조사, 통합조사, 추적조사 등의 방식을 통하여 납세자가 신고한 내용 중 매출누락, 가공경비 계상 등 적게 신고하거나 신고를 누락한 부분에 대해 적법하게 계산한 세액과 가산세를 부과하는 일반적인 세무조사를 말합니다.

> **조사사무처리규정 제3조(정의)**
> 18. "일반세무조사"란 특정납세자의 과세표준 또는 세액의 결정 또는 경정을 목적으로 조사대상 세목에 대한 과세요건 또는 신고사항의 적정 여부를 검증하는 일반적인 세무조사를 말한다.

〈2〉 조세범칙조사

조세범칙조사는 일반세무조사와 달리 명백한 세금탈루 혐의가 드러났을 경우 실시하는 세무조사로「조세범처벌법」을 적용하여 처벌하기 위한 목적의 조사입니다. 조세를 탈루한 혐의가 구체적이고 명백하며, 탈루혐의의 규모가 크거나 죄질이 나쁜 경우 조세범칙조사 대상으로 선정됩니다. 일반세무조사는 단순히 세금을 추징하려는 목적으로 시행되는 조사지만, 조세범칙조사는「조세범처벌법」을 통해 처벌할 목적으로 시행되는 조사로서 일반세무조사와 비교하여 강도 높은 세무조사가 진행됩니다.

> **조사사무처리규정 제3조(정의)**
> 4. "조세범칙조사사무"란「조세범 처벌법」에서 규정하는 조세범칙행위에 대해 범칙혐의 유무를 입증하기 위하여 조사계획을 수립하고 조세범칙행위 혐의자나 참고인을 심문, 압수·수색, 범칙처분하는 등 조사집행과 관련된 조사사무를 말한다.

국세청은 일반 세무조사 과정에서 '사기 그 밖의 부정한 행위'로 조세를 포탈한 혐의를 발견하거나 혐의가 있다고 판단되는 경우 조세범칙조사 대상자로 선정하고 있습니다. 최근 모두가 알 만한 대기업과 유명인들의 세무조사가 조세범칙조사로 전환되고 있는데, 코로나 이후 세수가 부족해진 것이 조세범칙조사로 전환될 가능성에 영향을 미칠 수 있다는 의견이 나오고 있습니다.

3. 세무조사 관할

세무조사는 납세지를 관할하는 세무서(일선세무서) 또는 지방국세청에서 수행합니다. 예를 들어 삼성동에 주소를 두고 거주하는 개인이 부동산을 취득한 것을 이유로 세무조사 대상자로 선정되는 경우 삼성세무서 또는 관할 지방국세청인 서울지방국세청에서 세무조사를 수행할 수 있습니다.

일반적으로 지방청에서 세무조사를 수행하는 경우 비교적 높은 강도의 세무조사가 진행될 수 있으므로 세무조사 사전통지문을 받았을 때 세무조사 대상기간, 세목과 함께 수행 기관을 먼저 확인하는 것이 중요하며 이에 따라 세무조사 대응계획은 달라져야 합니다.

만약 세금탈루의 규모, 조사의 난이도 및 가용 조사인력 등을 종합적으로 검토했을 때 지방국세청이 아닌 일선세무서에서 수행하는 것이 적절하다고 생각되는 경우 조사관할이 변경될 수 있습니다.

> **조사사무처리규정 제5조(조사사무의 관할)**
> ④ 제2항 및 제3항에 따라 조사관할 조정의 신청을 받은 관할 지방국세청장 또는 국세청장은 세금 탈루의 규모, 조사의 난이도 및 가용 조사인력 등을 종합적으로 검토하여 공정하고 합리적으로 조사관할을 조정해야 한다.

4. 세무조사를 하는 이유

국세청이 세무조사를 통해 거두어들이는 세수는 전체 세수의 약 10%에도 미치지 못하고 있습니다. 반면 세무조사가 실시될 수 있도록 관련된 업무에 투입되는 세무공무원은 전체의 약 30~40%에 육박합니다.

 단순히 숫자로 놓고 본다면 세무조사는 중요도가 떨어지며, 과투입되고 있는 구조로 보일 수 있습니다. 하지만 세무조사는 성실신고를 유도하는 가장 중요한 효과를 가져오기 때문에 조세행정에 반드시 필요한 업무에 해당합니다. 이러한 유도효과, 파급효과가 세수확보에 기여하는 정도를 수치화하기는 어렵지만, 조세질서 확립의 근간이 되고 있습니다.

 국세청은 세무조사의 기본방향을 세금추징 목적보다 자발적인 성실신고를 유도하는 것으로 두고 있고, 세법과 원칙에 따라 정직하고 투명하게 운용하며, 공정한 경쟁과 사회적 연대를 해치는 탈세와 체납을 엄단해 공평과세를 구현해 나가겠다는 입장을 밝히고 있습니다.

02 세무조사 대상자로 선정되는 이유

세무조사 대상자 선정의 기준은 납세자 입장에서 상당히 궁금한 주제일 것입니다. 국세청장은 매출액 규모, 업종별 신고성실도, 개인과 법인의 유형별·지역별 상황 등을 감안하여 세무조사 대상자를 선정하며, 세무조사 대상자의 선정방법은 정기선정과 비정기선정으로 구분됩니다.

1. 정기선정

국세청에서는 과세자료, 감사의견 등 회계자료들을 고려하여 납세자가 성실하게 신고하였는지를 정기적으로 검증합니다. 이때 신고성실도 분석 결과와 미조사연도수 등이 대상자 선정의 주요 기준이 될 수 있습니다. 지방국세청장 또는 세무서장이 일괄하여 선정하는 것으로 대기업 집단군 계열 회사와 100억 원 이상 중소기업 중에서 장기미조사법인을 위주로 정기적 세무조사를 실시합니다.

> **국세기본법 제81조의6(세무조사 관할 및 대상자 선정)**
> ② 세무공무원은 다음 각 호의 어느 하나에 해당하는 경우에 정기적으로 신고의 적정성을 검증하기 위하여 대상을 선정(이하 "정기선정"이라 한다)하여 세무조사를 할 수 있다. 이 경우 세무공무원은 객관적 기준에 따라 공정하게 그 대상을 선정하여야 한다.

1. 국세청장이 납세자의 신고 내용에 대하여 과세자료, 세무정보 및 「주식회사의 외부감사에 관한 법률」에 따른 감사의견, 외부감사 실시내용 등 회계성실도 자료 등을 고려하여 정기적으로 성실도를 분석한 결과 불성실 혐의가 있다고 인정하는 경우
2. 최근 4과세기간 이상 같은 세목의 세무조사를 받지 아니한 납세자에 대하여 업종, 규모, 경제력 집중 등을 고려하여 대통령령으로 정하는 바에 따라 신고 내용이 적정한지를 검증할 필요가 있는 경우
3. 무작위추출방식으로 표본조사를 하려는 경우

정기세무조사의 다양한 선정기준과 선정의 기본원칙이 「국세기본법」에 규정되어 있지만 구체적인 금액, 기준이 되는 기간과 내용에 대해서 언급하고 있지는 않으므로 해당 내용을 파악하고 있더라도 세무조사를 온전히 피할 수 있는 것은 아닙니다.

2. 비정기선정

비정기 세무조사는 지방국세청장과 세무서장이 선정하는 것으로 명백한 탈세 제보가 있거나 회계장부를 조작하는 경우, 허위계약서를 작성하는 경우, 사업을 영위하는 명의가 실지명의자와 다른 경우 지방국세청장과 세무서장이 선정하여 비정기 세무조사에 착수할 수 있습니다.

납세자가 최초 제출한 신고서는 성실성 추정 원칙에 따라 진실한

것으로 추정되어야 하지만, 다음의 경우에는 성실성 추정의 원칙이 배제되는 것입니다.

> **국세기본법 제81조의6(세무조사 관할 및 대상자 선정)**
> ③ 세무공무원은 제2항에 따른 정기선정에 의한 조사 외에 다음 각 호의 어느 하나에 해당하는 경우에는 세무조사를 할 수 있다.
> 1. 납세자가 세법에서 정하는 신고, 성실신고확인서의 제출, 세금계산서 또는 계산서의 작성·교부·제출, 지급명세서의 작성·제출 등의 납세협력의무를 이행하지 아니한 경우
> 2. 무자료거래, 위장·가공거래 등 거래내용이 사실과 다른 혐의가 있는 경우
> 3. 납세자에 대한 구체적인 탈세 제보가 있는 경우
> 4. 신고 내용에 탈루나 오류의 혐의를 인정할 만한 명백한 자료가 있는 경우
> 5. 납세자가 세무공무원에게 직무와 관련하여 금품을 제공하거나 금품제공을 알선한 경우

즉, 정기선정에 의한 세무조사만으로는 공평한 과세가 이루어지지 못하는 부분을 보완하기 위해 비정기선정을 통하여 세법질서를 확립하고 있습니다. 다만, 세무조사가 남용되어선 안 되므로 세무서장이 실시해야 하는 긴급조사, 부분조사, 자료상 조사 및 거짓 (세금)계산서 수취자 조사 등을 제외하고는 지방국세청장의 사전 승인을 받아야 합니다. (「조사사무처리규정」 제9조 제3항)

법인사업자나 개인사업자의 경우 정기선정과 비정기선정에 따라 세무조사를 받을 수 있습니다. 국회에 보고된 국세청 자료에 따르면

법인사업자를 대상으로 한 세무조사 중 비정기조사는 30~40%에 이르지만, 개인사업자에 대한 세무조사는 절반 이상이 비정기조사이므로 개인의 경우 예상하지 못한 세무조사를 받을 가능성이 비교적 높은 점을 유의해야 합니다.

03
국세부과의 원칙

국세를 부과할 때 과세관청이 우위에 있음으로 인해 납세자의 재산권이 부당하게 침해될 우려가 있습니다. 이를 방지하기 위해 「국세기본법」에서 국가가 과세권을 행사하는 과정에서 준수되어야 할 원칙으로 실질과세의 원칙, 신의성실의 원칙, 근거과세의 원칙 등을 정하고 있습니다.

1. 실질과세의 원칙

실질과세의 원칙이란 조세를 부과함에 있어 조세공평이 이루어질 수 있도록 형식과 실질이 다른 경우에는 형식에도 불구하고 실질에 따라 과세해야 한다는 세법 고유의 원칙입니다.

> **국세기본법 제14조(실질과세)**
> ① 과세의 대상이 되는 소득, 수익, 재산, 행위 또는 거래의 귀속이 명의(名義)일 뿐이고 사실상 귀속되는 자가 따로 있을 때에는 사실상 귀속되는 자를 납세의무자로 하여 세법을 적용한다.
> ② 세법 중 과세표준의 계산에 관한 규정은 소득, 수익, 재산, 행위 또는 거래의 명칭이나 형식과 관계없이 그 실질 내용에 따라 적용한다.
> ③ 제3자를 통한 간접적인 방법이나 둘 이상의 행위 또는 거래를 거치는 방법으로

> 이 법 또는 세법의 혜택을 부당하게 받기 위한 것으로 인정되는 경우에는 그 경제적 실질 내용에 따라 당사자가 직접 거래를 한 것으로 보거나 연속된 하나의 행위 또는 거래를 한 것으로 보아 이 법 또는 세법을 적용한다.

실질과세의 원칙에 따라 타인 명의를 빌리거나 소득구분을 다르게 신고하는 등 부당한 방법으로 세금을 적게 신고·납부한 경우에도 원칙적으로 납부해야 할 세금과 과소신고·납부에 대한 가산세를 부과할 수 있습니다.

[실제 세무조사 사례]

1. 회사에서 임원으로 재직하고 있어 고액의 근로소득을 받는 남편이 회사 업무 외 새롭게 개인 사업을 시작하여 발생하게 된 사업소득을 아내 명의 계좌로 수취하고 아내의 소득으로 신고·납부하는 경우
   → 소득의 주체가 남편이므로 귀속에 따른 실질과세에 의해 아내가 신고·납부한 세액은 환급되고, 남편의 기존 근로소득에 합산하여 높은 세율이 적용된 세액 및 가산세 추징

2. 개인이 당근마켓에서 영리를 목적으로 계속·반복적으로 1년에 수백 건의 중고거래를 통하여 수익이 발생하였고, 이에 대한 세금을 신고·납부하지 않거나 기타소득으로 신고·납부한 경우
   → 중고거래의 횟수, 행태 등 사실관계를 종합적으로 판단했을 때 사업소득에 해당하는 사례로서 사업소득에 따른 종합소득세 및 가산세 추징

실질과세원칙은 조세부담의 공평이 이루어지도록 경제적 귀속, 실질을 기준으로 세법을 해석하고 과세요건을 판단하는 것으로 세무조사에서 가장 중요하고 무서운 규정입니다. 다만, 경제적 실질이나 실질과세의 실질의 개념은 모두 불확정개념으로 과세관청과 납세자의 다툼이 항상 일어나고 있습니다. 실질과세원칙이 남용된다면 세법규정이 무의미해지고 납세자의 재산권이 부당히 침해될 소지가 있으므로 제한적으로 적용되어야 할 것입니다.

반대로 실질과세원칙을 활용하여 납세자에게 유리한 결과를 도출할 수도 있습니다. 실제로 지방국세청에서 진행한 세무조사 중에서 형식에 따라 충분히 증여로 추징될 수 있었지만, 실질과세원칙을 주장하여 인정받음으로써 추징세액 없이 잘 마무리한 사례들이 있습니다.

[실제 자금출처조사 대응사례]

1. 어머니와 자녀 2명이 공동명의로 30억 원의 부동산을 취득하였지만, 자금출처의 대부분이 자녀 1명의 단독 명의로 받은 대출이었으므로 이에 대해 과세관청은 증여로 보아 세무조사를 진행함
    → 부동산을 취득하는 시점의 전후 사실관계, 대출받은 자녀 1의 자력과 증여의사 존재여부, 대출실행 후 원리금 상환방식 등 사실관계를 종합하여 판단했을 때 형식은 자녀 1명의 자금으로 공동명의자에게 증여한 것이지만 실질이 공동투자에 해당하여 증여로 보지 않음

2. 사업자금을 위해 지인으로부터 3년 전 2억 원의 자금을 빌렸으나, 차용증 등 관련 서류를 작성하지 않았고, 이자를 지급한 적이 없는 경우
   → 비록 차용증을 작성하지 않았고 이자 역시 지급한 적이 없지만, 대여인과 차용인이 가족 등 특수관계인에 해당하지 않으며, 기존에 대금을 빌리면서 나눈 통화내용과 대화기록을 보았을 때 증여가 아닌 차용거래로 보는 것이 타당하므로 추징세액 없음

따라서 실질과세원칙은 세법 규정을 악용하는 납세자에게는 공평과세를 실현할 수 있는 무서운 규정이지만, 세법을 미처 알지 못해 억울하게 세금이 추징될 수 있는 선의의 납세자에게는 해결책이 될 수 있는 중요한 규정입니다. 조사 과정에서 발생할 수 있는 국세공무원과의 해석 차이를 담당 세무대리인이 잘 풀어 나간다면 긍정적인 세무조사 결과를 가지고 올 수 있습니다.

2. 근거과세의 원칙

납세자가 장부를 기록하고 있는 경우 해당 내용에 대한 조사와 세액의 결정은 그 장부 및 관계되는 증거자료에 의해야 한다는 원칙입니다.

> **국세기본법 제16조(근거과세)**
> ① 납세의무자가 세법에 따라 장부를 갖추어 기록하고 있는 경우에는 해당 국세 과세표준의 조사와 결정은 그 장부와 이와 관계되는 증거자료에 의하여야 한다.
> ② 제1항에 따라 국세를 조사·결정할 때 장부의 기록 내용이 사실과 다르거나 장부의 기록에 누락된 것이 있을 때에는 그 부분에 대해서만 정부가 조사한 사실에 따라 결정할 수 있다.
> ③ 정부는 제2항에 따라 장부의 기록 내용과 다른 사실 또는 장부 기록에 누락된 것을 조사하여 결정하였을 때에는 정부가 조사한 사실과 결정의 근거를 결정서에 적어야 한다.

만약 장부의 기록이 사실과 다르거나 누락이 있는 경우에는 정부가 조사한 사실에 따라 세액을 결정할 수 있으며, 중요한 내용이 미비되거나 거짓인 경우 추계결정이 가능합니다. 다만, 추계로 과세하는 경우 입증책임은 과세관청에 있습니다.

세무조사에서 중요하게 생각해야 하는 부분은 조사공무원과 납세자의 세법·세무지식은 비교할 수 없을 정도로 차이가 크다는 점입니다. 조사팀이 세금을 추징하기 위해서는 탈세행위가 있었다는 사실을 입증해야 하고 해당 내용에 대한 과세근거가 필요하지만, 실제로 명백한 근거 없이 납세자에게 세금이 추징되는 경우도 있습니다. 이때 납세자가 직접 조사팀의 주장에 근거규정을 제시하면서 부당한 부과처분에 대응하기가 쉽지 않습니다.

세무조사 대상자로 선정되었더라도 세무조사 과정에서 납세자의 권리가 부당하게 침해되어서는 안 되며, 응능부담의 원칙에 따라 납세자에게 반드시 부과되어야만 하는 부분에 대해서만 적법하게 세금이 추징되어야 할 것입니다. 따라서 세무조사 과정에서 필요한 경우 세무대리인을 선임하여 상황에 맞는 적절한 대응을 해야 합니다.

> **조사사무처리규정 제32조(과세품질의 제고)**
> ① 조사공무원은 세무조사를 수행함에 있어 객관적인 사실에 근거하여 적법·공정하게 과세하여야 한다.

04
세무조사의 원칙

세법적용의 원칙에 따라 세법을 해석·적용할 때는 과세의 형평과 해당 조항의 합목적성에 비추어 납세자의 재산권이 부당하게 침해되지 않도록 해야 합니다. 조세법률주의와 조세평등주의는 세법의 기본원칙으로서 납세자의 예측가능성과 재산권을 보호함에 있어 반드시 필요하며, 세무조사는 조세법률주의와 조세평등주의를 기반으로 진행되어야 합니다.

1. 조세법률주의

조세법률주의란 법률의 근거 없이는 국가는 조세를 부과·징수할 수 없고, 국민은 조세의 납부를 강요받지 않는다는 원칙입니다. 관련된 내용을 헌법에 규정함으로써 국민의 법적안정성을 보장하고 있습니다.

우리 헌법은 "모든 국민은 법률이 정하는 바에 의하여 납세의 의무를 진다."(제38조)라고 하고 있으며, "조세의 종목과 세율은 법률로 정한다."(제59조)라고 규정하여 세금의 종목과 세율이 사전에 법률로 정해져 있어야 하는 조세법률주의를 채택하고 있습니다.

헌법재판소가 들고 있는 조세법률주의의 가장 중요한 내용은 과세요건법정주의와 과세요건명확주의로서 과세요건명확주의란 과세요건을 법률로 규정했어도 지나치게 추상적이고 불명확한 경우 과세관청이 자의적인 해석과 집행을 할 우려가 있으므로 규정하는 내용이 명확해야 한다는 것입니다. 조세법률주의에 따라 국민에게 납세의 의무만 부과하는 것이 아닌 과세관청의 자의적인 해석으로 인한 부당한 재산권 침해가 없도록 하고 있습니다.

2. 조세평등주의

조세평등주의란 조세의 부담이 공평하게 국민들 사이에 배분되도록 세법을 제정하여야 하고, 조세법률관계의 각 당사자로서의 국민은 세법의 적용에 있어서 평등하게 취급되어야 한다는 원칙입니다.

헌법재판소는 과거 판례에서 과세는 개인의 경제적 급부를 고려하고 동일한 담세능력자에 대해서는 원칙적으로 평등한 과세가 있어야 하며, 특정 납세의무자를 불리하게 차별하지 않고 합리적 이유 없이 특별한 이익을 주어서도 안 된다는 취지로 풀이하였습니다.

> **대한민국헌법 제11조**
> ① 모든 국민은 법 앞에 평등하다. 누구든지 성별·종교 또는 사회적 신분에 의하여 정치적·경제적·사회적·문화적 생활의 모든 영역에 있어서 차별을 받지 아니한다.
> ② 사회적 특수계급의 제도는 인정되지 아니하며, 어떠한 형태로도 이를 창설할 수 없다.

3. 조사권 남용 금지

세무공무원은 세무조사 수행을 위해 납세자에게 질문을 하거나 자료를 요구할 수 있지만 최소한의 범위에서 이루어져야 합니다.

> **국세기본법 제81조의4(세무조사권 남용 금지)**
> ① 세무공무원은 적정하고 공평한 과세를 실현하기 위하여 필요한 최소한의 범위에서 세무조사(「조세범 처벌절차법」에 따른 조세범칙조사를 포함한다. 이하 이 조에서 같다)를 하여야 하며, 다른 목적 등을 위하여 조사권을 남용해서는 아니 된다.
> ③ 세무공무원은 세무조사를 하기 위하여 필요한 최소한의 범위에서 장부등의 제출을 요구하여야 하며, 조사대상 세목 및 과세기간의 과세표준과 세액의 계산과 관련 없는 장부등의 제출을 요구해서는 아니 된다.

조사권 남용 금지와 더불어 「조사사무처리규정」에는 보다 구체적인 금지행위에 대해 나열하고 있습니다.

> **조사사무처리규정 제30조(조사권의 남용 금지)**
>
> ② 조사공무원은 조사편의 등의 목적으로 다음 각 호의 어느 하나에 해당하는 행위를 해서는 아니된다.
>
> 1. 세무조사를 실시하면서 관련 법령 및 규정에서 정한 절차에 의하지 아니하고 임의로 관련 장부·서류 등을 압수·수색하거나 일시보관하는 행위
>
> 2. 조사대상 세목 및 과세기간의 과세표준과 세액의 계산과 관련 없는 장부 등의 제출을 요구하는 행위
>
> 3. 「국세기본법」 제81조의8 제4항에 따른 세무조사의 중지기간 중에 납세자에 대하여 국세의 과세표준과 세액을 결정 또는 경정하기 위한 질문을 하거나 장부 등의 검사·조사 또는 그 제출을 요구하는 행위
>
> 4. 관련 법령 및 규정에서 정한 승인절차에 의하지 아니하고 임의로 조사기간의 연장, 조사범위의 확대 또는 거래처 현장확인을 하는 행위
>
> 5. 거래처, 관련인 등에 대한 조사를 실시하면서 조사대상자 선정, 전산입력, 조사통지 등 관련 법령 및 규정에서 정한 조사절차를 준수하지 아니하고 조사를 실시하는 행위
>
> 6. 세무조사와 관련 없이 납세자와 그 관련인의 사생활 등에 관한 질문을 하는 행위
>
> 7. 그 밖에 세무조사를 실시하면서 납세자의 권리를 부당하게 침해하는 행위
>
> ③ 조사관리자는 조사공무원이 세무조사를 수행하는 과정에서 조사권을 남용하는 행위가 발생하지 않도록 조사절차 준수 여부 등을 관리·감독하여야 한다.

실제로 세무조사를 실시하면서 탈세혐의 또는 명확한 근거 없이 조사의 편의를 위해 대상자 외 가족 등 다른 사람에 대한 자료를 요구하거나 조사대상기간이 아님에도 불구하고 이전 또는 이후 기간에 대한 자료를 묻는 경우가 있습니다. 「국세기본법」에 따라 세무공

무원은 세무조사를 하기 위하여 필요한 최소한의 범위에서 장부 등의 제출을 요구해야 하며, 조사대상 세목 및 과세기간의 과세표준과 세액의 계산과 관련 없는 장부 등의 제출을 요구해서는 안 됩니다.

다만, 조사권 남용 금지에서 규정하고 있는 최소한의 범위의 기준이 모호하고 세무조사 내용에 따라 달라질 수 있으므로 세무조사 수행 과정에서 일일이 조사권 남용에 대한 부분을 주장한다면 원활한 세무조사 진행이 어려울 수 있습니다. 또한 「국세기본법」에서는 세무조사권 남용 금지뿐만 아니라 질문조사권 및 검사권에 대해서도 규정하고 있어 세무공무원에게 조사권을 부여하고 있습니다. 결국 세무조사는 사람과 사람이 하는 것이므로 조사권 남용에 대한 문제를 주장한다면 세무공무원과의 관계가 무너질 수 있기 때문에 세무조사를 대응하는 대리인의 상황 판단이 중요할 것입니다.

4. 재조사금지의 원칙

과세관청은 「국세기본법」에 따라 명백한 탈세자료가 있는 등 예외적인 상황을 제외하고 같은 세목 및 같은 과세기간에 대하여 재조사를 할 수 없습니다. 세무조사를 거듭한다면 조사권의 남용으로 이어져 납세자의 기본권을 침해할 수 있기 때문입니다.

> **국세기본법 제81조의4(세무조사권 남용 금지)**
>
> ② 세무공무원은 다음 각 호의 어느 하나에 해당하는 경우가 아니면 같은 세목 및 같은 과세기간에 대하여 재조사를 할 수 없다.
>
> 1. 조세탈루의 혐의를 인정할 만한 명백한 자료가 있는 경우
> 2. 거래상대방에 대한 조사가 필요한 경우
> 3. 2개 이상의 과세기간과 관련하여 잘못이 있는 경우
> 4. 제65조 제1항 제3호 단서(제66조 제6항과 제80조의2에서 준용하는 경우를 포함한다) 또는 제81조의15 제5항 제2호 단서에 따른 재조사 결정에 따라 조사를 하는 경우(결정서 주문에 기재된 범위의 조사에 한정한다)
> 5. 납세자가 세무공무원에게 직무와 관련하여 금품을 제공하거나 금품제공을 알선한 경우
> 6. 제81조의11 제3항에 따른 부분조사를 실시한 후 해당 조사에 포함되지 아니한 부분에 대하여 조사하는 경우
> 7. 그 밖에 제1호부터 제6호까지와 유사한 경우로서 대통령령으로 정하는 경우

중요한 것은 세무공무원의 조사행위가 재조사금지원칙이 적용되는 세무조사에 해당하는지 여부입니다. 대법원은 세무공무원의 조사행위가 「조사사무처리규정」에서 규정하고 있는 '현장확인'의 절차를 따른 것이라고 하더라도 실질적으로 납세자로 하여금 질문에 대답하고 검사를 수인하도록 함으로써 영업의 자유에 영향을 미치는 경우에는 재조사가 금지되는 세무조사에 해당한다고 판단하였습니다.

> **[대법원 2017. 3. 16. 선고 2014두8360 판결]**
>
> 세무조사는 국가의 과세권을 실현하기 위한 행정조사의 일종으로서 국세의 과세표준과 세액을 결정 또는 경정하기 위하여 질문을 하고 장부·서류 그 밖의 물건을 검사·조사하거나 그 제출을 명하는 일체의 행위를 말하며, 부과처분을 위한 과세관청의 질문조사권이 행하여지는 세무조사의 경우 납세자 또는 그 납세자와 거래가 있다고 인정되는 자 등(이하 '납세자 등'이라 한다)은 세무공무원의 과세자료 수집을 위한 질문에 대답하고 검사를 수인하여야 할 법적 의무를 부담한다. 한편 같은 세목 및 과세기간에 대한 거듭된 세무조사는 납세자의 영업의 자유나 법적 안정성 등을 심각하게 침해할 뿐만 아니라 세무조사권의 남용으로 이어질 우려가 있으므로 조세공평의 원칙에 현저히 반하는 예외적인 경우를 제외하고는 금지될 필요가 있다.
>
> 이러한 세무조사의 성질과 효과, 중복세무조사를 금지하는 취지 등에 비추어 볼 때, 세무공무원의 조사행위가 실질적으로 납세자 등으로 하여금 질문에 대답하고 검사를 수인하도록 함으로써 납세자의 영업의 자유 등에 영향을 미치는 경우에는 국세청 훈령인 구 조사사무처리규정(2010. 3. 30. 국세청 훈령 제1838호로 개정되기 전의 것)에서 정한 '현지확인'의 절차에 따른 것이라고 하더라도 그것은 재조사가 금지되는 '세무조사'에 해당한다고 보아야 한다.

세무조사는 과세권을 실현하기 위한 행정조사의 일종으로서 질문을 하고 장부·서류 그 밖의 물건을 검사·조사하거나 그 제출을 명하는 일체의 행위로 명목이나 형식이 아니라 실질적인 조사 내용과 납세자의 수인의무를 기준으로 판단해야 합니다. 따라서 과세관청으로부터 자료의 제출 등의 요구를 받았던 사안임에도 불구하고 향후 세무조사가 나오는 경우에는 중복세무조사에 해당하지 않는지 여부에 대해 검토할 필요가 있습니다.

> **[세무조사 대응의 방향(납세자의 권리보장)]**
>
> 세무조사를 대응하면서 놓치지 말아야 할 부분이 납세자의 권리를 정당하게 보장받는 것입니다. 행정력이 오·남용되어 납세자의 재산권이 억울하게 침해되어선 안 되기 때문에 「국세기본법」과 개별세법에서 세무조사의 강제성을 부여하고 있는 것과 반대로 납세자의 권리보장에 대해서도 규정하고 있습니다.
>
> 예를 들어 「국세기본법」에서는 납세자의 성실성 추정에 대해 규정하고 있으며, 「조사사무처리규정」에서는 「국세기본법」에 따라 납세자가 제출한 신고서 등이 진실한 것으로 추정하여 세무조사를 수행해야 한다고 규정하고 있으므로 만약 세무조사가 납세자의 신고서가 거짓임을 전제로 진행된다면 위법한 세무조사에 해당할 수 있습니다.
>
> 이처럼 실제 세무조사 과정에서 중요하고도 어려운 것이 사례에 맞는 적절한 강도와 방법으로 조사가 진행되는 것입니다. 법에서 규정하고 있는 납세자의 권리를 실제로 보장받았다면 그것만으로도 성공한 세무조사 대응일 것이며, 정당한 권리를 주장하여 인정받았을 때 납세자에게 만족할 만한 세액으로 세무조사가 끝날 수 있습니다.
>
> 따라서 세무대리인의 도움 없이 직접 세무조사를 대응하는 경우 정당한 권리를 침해받고 있지는 않은지 꼭 살펴봐야 하며, 세무대리인을 선임한다면 권리를 보장받을 수 있도록 해당 세무대리인이 충분한 세무조사 경험과 전문성을 가지고 있는지를 꼭 살펴보아야 할 것입니다.

05
납세자를 위한 권리구제제도

 과세관청으로부터 위법 또는 부당한 처분을 받거나, 필요한 처분을 받지 못하여 권리나 이익이 침해당한 경우 불복제도 등을 통해 권리를 구제받을 수 있습니다. 불복제도는 세무조사가 끝난 후 결과에 따라 과세관청에서 세금을 부과하는 시점을 기준으로 사전적 권리구제와 사후적 권리구제로 구분되며, 불복 외에 조사가 끝나기 전 조사기간 동안 받을 수 있는 권리구제제도도 존재합니다.

1. 사전적 권리구제

 사전적 권리구제는 '과세하기 전에 심사하다'라는 의미로서 과세전적부심사가 있습니다. 과세전적부심사는 세무조사 결과에 대한 서면통지를 받은 날로부터 30일 이내에 통지를 한 세무서장 또는 지방국세청장에게 청구할 수 있습니다.

 세무서장 또는 지방국세청장은 청구서 접수 후 30일 이내 국세심사위원회의 심사를 거쳐 결정하고 청구인에게 통지해야 합니다. 만약 과세전적부심사가 불채택되는 경우 납세자는 90일 이내 이의신청, 심사청구, 심판청구 등의 절차를 통해 불복청구를 제기할 수 있습니다.

2. 사후적 권리구제

사후적 권리구제는 세무조사에 따른 세금을 부과처분한 이후 납세자의 권리 또는 이익을 구제할 수 있는 것으로 이의신청, 심사청구, 심판청구 등이 있습니다. 이 중 심사청구는 국세청장에게 과세처분의 위법이나 부당함을 다투는 제도로서 과세전적부심사와 심사기관이 중복될 수 있으므로 만약 과적을 거친 경우라면 심사청구는 바람직하지 않은 방법일 수 있습니다.

3. 조사기간 내 권리구제

사전적 권리구제와 사후적 권리구제는 세무조사가 마무리된 후 권리나 이익을 구제받을 수 있는 제도이지만 세무조사를 받는 기간 내 권리구제제도도 마련되어 있습니다.

〈1〉 과세기준자문

과세기준자문 제도란 세무조사 중 납세자와 과세관청 간 이견이 있거나 단독으로 판단하기 곤란한 세법해석 사항에 대해 징세법무국장에게 과세 여부에 대한 자문을 구하는 것입니다. 해당 제도는 과세 전 명확한 과세기준을 제공함으로써 적법과세 원칙을 확립하고자 도입된 제도입니다.

> **국세청 법령사무처리규정 제27조(신청기관)**
> 지방국세청장·세무서장 및 주무국장은 세법령의 해석과 관련된 사항에 대하여 징세법무국장(법무과장)에게 과세기준자문을 신청할 수 있다.

과세기준자문은 자문신청서를 작성하여 신청하며, 납세자의 이견이 있을 때는 납세자 의견서를 함께 제출해야 합니다. 지방국세청장·세무서장이 과세기준자문을 신청하는 경우 세무조사결과통지 또는 과세예고통지 전까지 신청해야 하며, 만약 다음에 해당하는 경우 자문신청 대상에서 제외됩니다.

> 1. 정립된 판례나 기존의 세법해석사례가 있는 경우
> 2. 「과세사실판단자문사무처리규정」 제2조 제1항의 구체적인 사실판단에 관한 사항인 경우
> 3. 감사원, 본·지방청 감사관실의 처분요구에 관한 사항인 경우
> 4. 「국세기본법」 제55조에 따른 불복이 진행 중이거나 같은 법 제81조의15에 따른 과세전적부심사가 진행 중인 사항인 경우
> 5. 소송이 진행 중인 사항인 경우
> 6. 「국제조세조정에 관한 법률」제22조에 따른 상호합의절차가 개시된 사항을 질의한 경우(신청인에 관한 개별적이고 구체적인 사안에 한정)
> 7. 가정의 사실관계를 기초로 하여 질의한 경우
> 8. 세법해석과 관련없는 사항을 질의한 경우
> 9. 국세부과 제척기간의 만료일까지의 기한이 3월 이하인 경우

⟨2⟩ 과세사실판단 자문

조사공무원은 조사 과정에서 납세자와 이견이 있거나 단독으로 판단하기 곤란한 과세쟁점사실에 대하여 국세청·지방국세청 또는 세무서의 납세자보호담당관(과세사실판단 자문위원회)에게 과세사실판단 자문을 신청할 수 있습니다. 이 제도는 국세공무원이 국세의 부과, 징수, 환급 등의 업무를 처리하는 과정에서 발생하는 과세쟁점사실의 판단절차에 관한 사항을 규정함으로써 과세품질 및 국세행정업무의 합리성과 효율성을 향상시키는 데 기여함을 목적으로 하고 있습니다.

> **과세사실판단자문사무처리규정 제2조(정의)**
> 2. "과세사실판단자문신청"이란 과세쟁점사실에 대하여 과세사실판단자문위원회에서 심의하여 과세여부 등을 판단해 줄 것을 신청하는 것을 말한다.

이때 과세쟁점사실이란 국세의 부과, 징수, 환급 등과 관련된 일정한 사실관계를 확정하거나 확정된 사실관계를 해석된 법령에 적용함에 있어서 국세공무원과 납세자 간에 다른 의견이 있거나 있을 소지가 있는 경우 그 사실관계 전부를 의미합니다. 다만, 다음에 해당하는 경우 자문신청 대상에서 제외합니다.

1. 법령해석사안(사전답변을 거친 경우를 포함한다)인 경우
2. 이전가격심의위원회, 평가심의위원회, 조세범칙심의위원회 등 각종 위원회의 심의대상인 경우
3. 「과세전적부심사사무처리규정」 제3조에 의하여 세무조사결과 등 통지를 한 경우
4. 불복청구 중인 사항인 경우(재조사 또는 필요한 처분을 위한 경우는 제외)
5. 과세 여부 등을 명확히 판단할 수 있는 사안인 경우
6. 업무의 진행 및 절차에 관한 사항인 경우
7. 부과제척기간의 만료가 임박(신청일로부터 제척기간의 만료일까지의 기간이 3개월 이하)한 경우

[2장]
끝까지 따라다니는 자금출처조사

01 자금출처조사란 뭘까?

1. 자금출처조사의 정의

자금출처조사란 거주자 또는 비거주자가 재산을 취득(해외유출 포함)하거나 채무의 상환 또는 개업 등에 사용한 자금과 이와 유사한 자금의 원천이 직업·나이·소득 및 재산 상태 등으로 보아 본인의 자금 능력에 의한 것이라고 인정하기 어려운 경우, 그 자금의 출처를 밝혀 증여세 등의 탈루 여부를 확인하기 위하여 행하는 세무조사라고 규정하고 있습니다.

> **상속세 및 증여세 사무처리규정 제1조의2(정의)**
> 11. "자금출처조사"란 거주자 또는 비거주자의 재산 취득(해외유출 포함), 채무의 상환 등에 소요된 자금과 이와 유사한 자금의 원천이 직업 · 연령 · 소득 및 재산상태 등으로 보아 본인의 자금능력에 의한 것이라고 인정하기 어려운 경우, 그 자금의 출처를 밝혀 증여세 등의 탈루여부를 확인하기 위하여 행하는 세무조사를 말한다.

어렵고 복잡한 말로 규정하고 있지만 쉽게 말해 국세청에 신고된 각종 소득(사업소득, 근로소득, 증여 및 상속 등)보다 부동산 등의 재산보유액이 많은 경우 부족한 자금의 출처를 밝히기 위한 조사가 실시되는 것입니다.

실제 자금출처조사의 대상이 된 사례를 살펴보면 다음과 같습니다.

[실제 자금출처조사 사례]

근로소득자인 부부 A 씨와 B 씨는 강남 소재 재건축 아파트를 부부 공동명의로 취득하였습니다. 하지만 국세청은 신고된 급여만으로는 해당 아파트를 취득하기 어렵다고 보아 자금출처조사를 실시하였습니다. 그 결과 B 씨의 부모가 B 씨 명의의 주택청약저축에 매월 일정액을 대납해 왔으며, A 씨는 부모로부터 현금을 직접 받아 이를 원천으로 해당 아파트를 취득한 것을 확인했습니다. 결국 국세청은 조사 결과에 따라 주택 취득자금 증여세 신고누락분에 대한 증여세와 가산세를 추징하였습니다.

이처럼 자금출처조사는 신고된 소득보다 자산의 증가액이 큰 경우 그 출처의 정당성 여부를 검증하기 위해 실시하는 세무조사로서 비록 현금을 수수하는 과정은 포착되지 않았지만, 결과적으로 부동산 취득 단계에서 조사의 대상으로 선정될 수 있습니다.

2. 최근 자금출처조사가 늘어난 이유

자금출처조사는 편법적 부의 증여를 차단하기 위해 국세청 내부 분석을 통해 착수하는 조사로서 최근 수년간 부동산 가격이 급등함에 따라 부동산 취득자금에 대한 자금출처조사의 중요성이 더욱 증가하였습니다.

이와 더불어 보다 효율적인 자금출처조사 대상자 선정을 위해 국세청뿐만 아니라 지자체에서도 취득자금 소명요청과 같은 조사업무를 하도록 변경되었습니다. 지자체와 같이 국세청 외 행정기관에서 수행하는 소명요청 업무는 일종의 준세무조사의 성격으로서, 기본적인 조사를 한 뒤 문제가 있는 경우 세무서에서 재차 심층적으로 조사를 진행하기 때문에 자금출처조사는 보다 정교하게 수행될 수 있는 것입니다.

정부는 이외에도 자금조달계획서, 임대차신고제 등 편법증여를 판단하기 위한 노력을 꾸준히 하고 있으며, 자금출처조사 대상 범위를 확대해 나가고 있으므로 시간이 흐를수록 세무조사를 받지 않을 가능성에 기대하기보다 미리 세무조사를 대비할 수 있는 계획을 수립하는 것이 중요합니다.

◎ 지자체 취득자금 소명요청

지자체는 부동산 신고가격이 정상적인 가격인지, 탈세행위에 해당하지 않는지 등에 대해 조사하고 있으며, 부동산거래가 정상적이지 않다고 판단되는 특정한 경우 거래 당사자에게 소명요청을 하게 됩니다.

주로 소명요청을 받는 사유를 정리하면 다음과 같습니다.

> [소명 대상자]
>
> - 부동산을 시가보다 고가 및 저가로 취득
> - 특수관계인 간 부동산 매매거래
> - 취득자금의 원천이 불분명한 거래
> - 기타 조달계획서 제출 내용이 실제와 다른 거래
> - 부동산 명의신탁
> - 부동산 미등기전매

부모님으로부터 우회증여 또는 차용거래를 통하여 부동산을 취득한 경우 소명의 대상자로 선정될 수 있으며, 증여뿐만 아니라 부모님으로부터 시세보다 저가로 사오는 저가매매거래 역시 소명대상이 됩니다. 부모님으로부터 현금을 지원받거나 부모님의 카드로 생활비를 대신 충당하는 등 우회증여, 편법증여 행위는 이러한 정부와 국세청의 노력 끝에 세무조사의 대상이 되고 있습니다.

만약 가족 간 거래(저가매매, 교환 등)를 진행하기 전 충분한 계획을 수립하지 않았다면 의도하지 않게 소명요청 및 세무조사의 대상이 될 수 있습니다. 가족 간 거래가 적법한 거래로 인정받을 수 있는 방안은 사안에 따라 달라질 수 있으며, [6장]에서 가족 간 거래에 대해 자세히 설명하고 있습니다.

(앞쪽)

부동산거래신고 소명서

통 지 번 호						
소명인	매도인	성명		생년월일		
		연락처				
		주소				
	매수인	성명		생년월일		
		연락처				
		주소				
부동산의 표시		소재지				
		면적(㎡)				
부동산의 가격		신고금액				
		실제 거래금액				
개업공인중개사가 중개한 경우		공인중개사 성명		생년월일		
		상호 및 대표자		연락처		
		사무소 소재지				
		계약조건				
그 밖의 경우		당사자 선택방법				
		계약서 작성장소				
		소유권이전 등기신청방법				
		부동산거래 신고자				
		계약조건				

210㎜×297㎜[백상지(80g/㎡) 또는 중질지(80g/㎡)]

(뒤쪽)

소 명 의 견
본인은 (매도인, 매수인, 공인중개사)로서 위와 같이 부동산거래 신고사항에 대하여 소명하고 증거자료를 첨부하여 제출하며 위 소명내용에 대하여 거짓이 있을 경우 어떠한 처분도 감수하겠습니다. 　　　　　　　　　　　　년　　　월　　　일 　　　　　　　　　　　　　　　　소 명 인　　　　(서명 또는 인)
○ 소명의견란이 부족한 경우에는 별지를 사용하실 수 있습니다. ○ 소명에 필요한 증거자료(거래계약서 사본, 거래대금지급증명자료, 전세계약서사본, 중개대상물확인·설명서 사본, 기타 가격입증자료 등)를 첨부하시기 바랍니다.

02 자금조달계획서

자금조달계획서는 계약일로부터 30일 내에 관할 지자체에 제출해야 하는 것으로 부동산 취득자금에 대하여 구체적인 조달계획을 기재하는 문서를 말합니다.

1. 자금조달계획서 제출대상 및 작성방법

모든 거래에 대해 제출하는 것은 아니며, 다음의 거래를 하는 경우 부동산 취득자금 조달 내용을 구체적으로 기재하는 '주택취득자금 조달 및 입주계획서'를 작성하여 제출해야 합니다. 분양권·입주권의 공급계약 및 전매계약도 자금조달계획서 제출 대상에 포함됩니다.

[자금조달계획서 제출대상 거래]

- 투기과열지구 모든 주택 거래
- 조정대상지역 모든 주택 거래
- 비규제지역 6억 원 이상 주택 거래
- 모든 법인 주택 거래

자금조달계획서는 실제로 자금출처조사에서 중요한 역할을 하고 있습니다. 지자체에서는 자금조달계획서와 거래증빙 내용을 검증하며, 검증 과정에서 자료 제출 요구 및 소명을 요구할 수 있도록 「부동산거래신고법」에서 규정하고 있습니다. 자금조달계획서와 관련 증빙자료를 통해 재산을 취득할 능력 또는 부채를 상환할 능력이 있는지를 판단하며, 자금조달계획서 및 증빙자료가 실제와 다른 경우 취득자는 소명요청을 받을 수 있습니다. 따라서 중요한 것은 자금조달계획서 제출 단계에서 각 취득자금의 출처를 정리하고 명확하게 기재하여 추가 소명의 대상이 되지 않도록 하는 것입니다.

예를 들어 주식 또는 코인 투자로 5억 원을 벌어 부동산을 취득하는 경우, 부동산 거래 직전 주식 또는 코인을 매도하여 통장에 원화로 가지고 있다고 하더라도 해당 금액을 자금조달계획서 금융기관 예금액에 기재하는 것은 적절한 작성이 아닐 수 있습니다. 관련 행정기관에서 5억 원의 자금이 발생된 출처를 이해할 수 있도록 최초 투자자금과 투자수익을 구분하여 해당하는 곳에 기재하는 것이 보다 명확한 자금조달계획서가 될 수 있습니다. 취득자 본인의 사실관계에 맞게 자금조달계획서를 작성한다면 불필요한 소명요청에서 벗어날 수 있을 것입니다.

◎ 자금조달 증빙서류

종류	항목	증빙자료
자기자금	금융기관 예금액	예금잔액증명서
	주식·채권 매각대금	주식거래내역서, 잔고증명서
	증여·상속	증여·상속세 신고서, 납세증명서
	현금 등 그 밖의 자금	소득금액증명원, 근로소득원천징수영수증 등
	부동산 처분대금 등	부동산매매계약서, 임대차계약서
차입금 등	금융기관 대출액 합계	금융거래확인서, 부채증명서, 대출신청서
	임대보증금	임대차계약서
	회사지원금·사채·그 밖의 차입금	금전 차용을 증빙할 수 있는 서류

2. 정확한 작성이 중요한 이유

「부동산 거래신고 등에 관한 법률」에 따르면 국토교통부장관은 부동산 거래신고 내용과 부동산의 가격정보를 활용하여 거래가격에 대한 적정성을 판단하고 검증 결과를 세무관서의 장에게 통보합니다. 통보받은 세무관서의 장은 자금출처조사 대상자 선정의 자료로 활용할 것이며 이러한 흐름으로 보아 자금조달계획서, 자금소명, 자금출처조사는 밀접한 관계가 있음을 알 수 있습니다. 따라서 자금출처조사가 나오기 전 자금조달계획서 작성 단계 또는 자금소명요청 단계에서 미리 세무전문가와 함께 사실관계에 맞는 적절한 대응을 한다면 조사의 가능성을 줄일 수 있을 것입니다.

부동산 거래신고 등에 관한 법률 제5조(신고 내용의 검증)

① 국토교통부장관은 제3조에 따라 신고받은 내용, 「부동산 가격공시에 관한 법률」에 따라 공시된 토지 및 주택의 가액, 그 밖의 부동산 가격정보를 활용하여 부동산 거래가격 검증체계를 구축·운영하여야 한다.

② 신고관청은 제3조에 따른 신고를 받은 경우 제1항에 따른 부동산거래가격 검증체계를 활용하여 그 적정성을 검증하여야 한다.

③ 신고관청은 제2항에 따른 검증 결과를 해당 부동산의 소재지를 관할하는 세무관서의 장에게 통보하여야 하며, 통보받은 세무관서의 장은 해당 신고 내용을 국세 또는 지방세 부과를 위한 과세자료로 활용할 수 있다.

3. 자금조달계획서 관련 자주 묻는 질문(Q&A)

Q. 자금조달계획서를 제출한 뒤 실제 계획이 달라지면 문제가 되나요?

A. 자금조달계획서는 말 그대로 주택의 취득자금을 조달하기 위한 계획서입니다. 계획서에 불과한 것으로 최초 기재한 내용과 제출 후 계획은 충분히 달라질 수 있으며, 다르다고 해서 무조건 문제를 삼는 것은 아닙니다.

당초 계획과 달라지더라도 자금출처가 명백하고 입증이 가능한 경우라면 소명 요구가 오는 것을 기다렸다가 소명해도 무방하며, 필요에 따라 소명 요구가 오기 전에 정정신고를 할 수도 있습니다.

Q. 자금조달계획서는 어떻게 내는 건가요?

A. 공인중개사를 통한 중개거래의 경우 공인중개사가 신고하는 것이 원칙이며, 실거래 신고서를 제출할 때 자금조달계획서 및 증빙자료를 함께 제출합니다.

직거래 계약의 경우 매수인이 직접 신고·제출하거나 대리인을 통한 제출도 가능합니다. 또한 공인중개사를 통한 거래의 경우에도 개인정보 노출 등의 사유로 직접 제출하고자 한다면 별도 제출이 가능합니다.

> Q. 자금조달계획서 제출일 현재 대출 등이 실행되지 않았다면?

A. 부동산 거래 잔금일까지 기간이 오래 남은 거래는 자금조달계획서 제출일 현재 실행되지 않은 항목들이 많을 수 있습니다. 대출을 받을 계획이지만 자금조달계획서 제출일 현재 실행되지 않은 경우 자금조달계획에서는 기재하되 증빙자료를 제출하지 않아도 됩니다. 다만, 미제출 사유서에 내용을 기재하여 제출해야 하고 거래가 완료된 이후 추가 증빙자료를 요청하는 경우 보충하여 제출해야 합니다.

> Q. 자금조달계획서 제출 직전에 부동산 또는 주식을 매각한 경우 기재 방법은?

A. 자금조달계획서는 각 자금의 출처 내용을 파악하기 위한 자료입니다. 자금조달계획서 제출 시에는 부동산 또는 주식 매각 대금이 통장에 있지만, 사안에 따라서는 해당 금액을 금융기관 예금액에 적는 것이 적절하지 않은 내용일 수 있습니다. 적정한 자금조달 여부를 검열하는 공무원은 해당 자금이 통장에 들어오게 된 현금흐름이 궁금할 수 있기 때문입니다.

이 경우 자금조달계획서 제출 이후 추가 자료 요청이 올 때 대응할 수도 있지만, 필요에 따라서는 최초 제출 시 보충 자료를 만들어 함께 제출할 수도 있습니다.

[코인 투자수익 자금조달계획서]

코인 투자수익은 최초 투자 단계부터 매매 단계까지의 자금흐름이 드러나지 않는 경우가 많습니다. 또한 관련 행정기관에서도 해당 수익을 파악하지 못하는 경우가 대부분입니다. 따라서 코인 투자수익의 경우 최초 자금조달계획서 제출 시 투자수익이 발생한 흐름을 파악할 수 있는 자료를 만들어 함께 제출하는 것이 좋을 수 있습니다.

만약 보충자료가 미제출되는 경우 사안에 따라 즉시 세무조사로 이어질 가능성도 있으므로 코인 투자수익의 경우 반드시 해당 분야 세무전문가와 함께 자료를 준비하는 것을 추천드립니다.

■ 부동산 거래신고 등에 관한 법률 시행규칙 [별지 제1호의3서식] <개정 2022. 2. 28.> 부동산거래관리시스템(rtms.molit.go.kr)에서도 신청할 수 있습니다.

주택취득자금 조달 및 입주계획서

※ 색상이 어두운 난은 신청인이 적지 않으며, [ ]에는 해당되는 곳에 √표시를 합니다.   (앞쪽)

접수번호		접수일시		처리기간	
제출인 (매수인)	성명(법인명)			주민등록번호(법인 · 외국인등록번호)	
	주소(법인소재지)			(휴대)전화번호	
① 자금 조달계획	자기 자금	② 금융기관 예금액	원	③ 주식 · 채권 매각대금	원
		④ 증여 · 상속 [ ] 부부 [ ] 직계존비속 (관계:) [ ] 그 밖의 관계 ( )	원	⑤ 현금 등 그 밖의 자금 [ ] 보유 현금 [ ] 그 밖의 자산 (종류:)	원
		⑥ 부동산 처분대금 등	원	⑦ 소계	원
	차입금 등	⑧ 금융기관 대출액 합계	주택담보대출		원
			신용대출		원
			그 밖의 대출	(대출 종류:)	원
			원		
		기존 주택 보유 여부 (주택담보대출이 있는 경우만 기재) [ ] 미보유 [ ] 보유 (건)			
		⑨ 임대보증금	원	⑩ 회사지원금 · 사채	원
		⑪ 그 밖의 차입금 [ ] 부부 [ ] 직계존비속 (관계:) [ ] 그 밖의 관계 ( )	원	⑫ 소계	원
	⑬ 합계				원
⑭ 조달자금 지급방식		총 거래금액			원
		⑮ 계좌이체 금액			원
		⑯ 보증금 · 대출 승계 금액			원
		⑰ 현금 및 그 밖의 지급방식 금액			원
		지급 사유 ( )			
⑱ 입주 계획		[ ] 본인입주 [ ] 본인 외 가족입주 (입주 예정 시기: 년 월)		[ ] 임대 (전 · 월세)	[ ] 그 밖의 경우 (재건축 등)

「부동산 거래신고 등에 관한 법률 시행령」 별표 1 제2호나목, 같은 표 제3호가목 전단, 같은 호 나목 및 같은 법 시행규칙 제2조제6항·제7항·제9항·제10항에 따라 위와 같이 주택취득자금 조달 및 입주계획서를 제출합니다.

년   월   일

제출인   (서명 또는 인)

시장 · 군수 · 구청장 귀하

유의사항

1. 제출하신 주택취득자금 조달 및 입주계획서는 국세청 등 관계기관에 통보되어, 신고내역 조사 및 관련 세법에 따른 조사 시 참고자료로 활용됩니다.
2. 주택취득자금 조달 및 입주계획서(첨부서류 제출대상인 경우 첨부서류를 포함합니다)를 계약체결일부터 30일 이내에 제출하지 않거나 거짓으로 작성하는 경우 「부동산 거래신고 등에 관한 법률」 제28조제2항 또는 제3항에 따라 과태료가 부과되오니 유의하시기 바랍니다.
3. 이 서식은 부동산거래계약 신고서 접수 전에는 제출이 불가하오니 별도 제출하는 경우에는 미리 부동산거래계약 신고서의 제출여부를 신고서 제출자 또는 신고관청에 확인하시기 바랍니다.

210mm×297mm[백상지(80g/㎡) 또는 중질지(80g/㎡)]

첨부서류	투기과열지구에 소재하는 주택의 거래계약을 체결한 경우에는 다음 각 호의 구분에 따른 서류를 첨부해야 합니다. 이 경우 주택취득자금 조달 및 입주계획서의 제출일을 기준으로 주택취득에 필요한 자금의 대출이 실행되지 않았거나 본인 소유 부동산의 매매계약이 체결되지 않은 경우 등 항목별 금액 증명이 어려운 경우에는 그 사유서를 첨부해야 합니다. 1. 금융기관 예금액 항목을 적은 경우: 예금잔액증명서 등 예금 금액을 증명할 수 있는 서류 2. 주식·채권 매각대금 항목을 적은 경우: 주식거래내역서 또는 예금잔액증명서 등 주식·채권 매각 금액을 증명할 수 있는 서류 3. 증여·상속 항목을 적은 경우: 증여세·상속세 신고서 또는 납세증명서 등 증여 또는 상속받은 금액을 증명할 수 있는 서류 4. 현금 등 그 밖의 자금 항목을 적은 경우: 소득금액증명원 또는 근로소득 원천징수영수증 등 소득을 증명할 수 있는 서류 5. 부동산 처분대금 등 항목을 적은 경우: 부동산 매매계약서 또는 부동산 임대차계약서 등 부동산 처분 등에 따른 금액을 증명할 수 있는 서류 6. 금융기관 대출액 합계 항목을 적은 경우: 금융거래확인서, 부채증명서 또는 금융기관 대출신청서 등 금융기관으로부터 대출받은 금액을 증명할 수 있는 서류 7. 임대보증금 항목을 적은 경우: 부동산 임대차계약서 8. 회사지원금·사채 또는 그 밖의 차입금 항목을 적은 경우: 금전을 빌린 사실과 그 금액을 확인할 수 있는 서류

작성방법

1. ① "자금조달계획"에는 해당 주택의 취득에 필요한 자금의 조달계획(부동산 거래신고를 하기 전에 부동산 거래대금이 모두 지급된 경우에는 조달방법)을 적고, 매수인이 다수인 경우 각 매수인별로 작성해야 하며, 각 매수인별 금액을 합산한 총 금액과 거래신고된 주택거래금액이 일치해야 합니다.
2. ② ~ ⑥에는 자기자금을 종류별로 구분하되 중복되지 않게 적습니다.
3. ② "금융기관 예금액"에는 금융기관에 예치되어 있는 본인명의의 예금(적금 등)을 통해 조달하려는 자금을 적습니다.
4. ③ "주식·채권 매각대금"에는 본인 명의 주식·채권 및 각종 유가증권 매각 등을 통해 조달하려는 자금을 적습니다.
5. ④ "증여·상속"에는 가족 등으로부터 증여 받거나 상속받아 조달하는 자금을 적고, 자금을 제공한 자와의 관계를 해당 난에 √표시를 하며, 부부 외의 경우 관계를 적습니다.
6. ⑤ "현금 등 그 밖의 자금"에는 현금으로 보유하고 있는 자금 및 자기자금 중 다른 항목에 포함되지 않는 그 밖의 본인 자산을 통해 조달하려는 자금(금융기관 예금액 외의 각종 금융상품 및 간접투자상품을 통해 조달하려는 자금 포함)을 적고, 해당 자금이 보유하고 있는 현금일 경우 "보유 현금"에 √표시를 하고, 현금이 아닌 경우 "그 밖의 자산"에 √표시를 하고 자산의 종류를 적습니다.
7. ⑥ "부동산 처분대금 등"에는 본인 소유 부동산의 매도, 기존 임대보증금 회수 등을 통해 조달하려는 자금 또는 재건축, 재개발시 발생한 종전 부동산 권리가액 등을 적습니다.
8. ⑦ "소계"에는 ② ~ ⑥의 합계액을 적습니다.
9. ⑧ ~ ⑪에는 자기자금을 제외한 차입금 등을 종류별로 구분하여 중복되지 않게 적습니다.
10. ⑧ "금융기관 대출액 합계"에는 금융기관으로부터 대출을 통해 조달하려는 자금 또는 매도인의 대출금 승계 자금을 적고, 주택담보대출·신용대출에 대한 해당 난에 대출금을 적으며, 그 밖의 대출인 경우 대출액 및 대출 종류를 적습니다. 또한 주택담보 대출액이 있는 경우 "기존 주택 보유 여부"의 해당 난에 √표시를 합니다. 이 경우 기존 주택은 신고하려는 거래계약 대상인 주택은 제외하고, 주택을 취득할 수 있는 권리와 주택을 지분으로 보유하고 있는 경우도 포함하며, "기존 주택 보유 여부" 중 "보유"에 √표시를 한 경우에는 기존 주택 보유 수(지분으로 보유하고 있는 경우에는 각 건별로 계산합니다)를 적습니다.
11. ⑨ "임대보증금"에는 취득 주택의 신규 임대차 계약 또는 매도인으로부터 승계한 임대차 계약의 임대보증금 등을 통해 조달하는 자금을 적습니다.
12. ⑩ "회사지원금·사채"에는 금융기관 외의 법인, 개인사업자로부터 차입을 통해 조달하려는 자금을 적습니다.
13. ⑪ "그 밖의 차입금"에는 ⑧ ~ ⑩에 포함되지 않는 차입금을 적고, 자금을 제공한 자와의 관계를 해당 난에 √표시를 하고 부부 외의 경우 해당 관계를 적습니다.
14. ⑫에는 ⑧ ~ ⑪의 합계액을, ⑬에는 ⑦과 ⑫의 합계액을 적습니다.
15. ⑭ "조달자금 지급방식"에는 조달한 자금을 매도인에게 지급하는 방식 등을 각 항목별로 적습니다.
16. ⑮ "계좌이체 금액"에는 금융기관 계좌이체로 지급했거나 지급 예정인 금액 등 금융기관을 통해서 자금지급 확인이 가능한 금액을 적습니다.
17. ⑯ "보증금·대출 승계 금액"에는 종전 임대차계약 보증금 또는 대출금 승계 등 매도인으로부터 승계했거나 승계 예정인 자금의 금액을 적습니다.
18. ⑰ "현금 및 그 밖의 지급방식 금액"에는 ⑮, ⑯ 외의 방식으로 지급했거나 지급 예정인 금액을 적고 계좌이체가 아닌 현금(수표) 등의 방식으로 지급하는 구체적인 사유를 적습니다.
19. ⑱ "입주 계획"에는 해당 주택의 거래계약을 체결한 이후 첫 번째 입주자 기준(다세대, 다가구 등 2세대 이상인 경우에는 해당 항목별 중복하여 적습니다)으로 적으며, "본인입주"란 매수자 및 주민등록상 동일 세대원이 함께 입주하는 경우를, "본인 외 가족입주"란 매수자와 주민등록상 세대가 분리된 가족이 입주하는 경우를 말하며, 이 경우 입주 예정 시기 연월을 적습니다. 또한 재건축 추진 또는 멸실 후 신축 등 해당 주택에 입주 또는 임대하지 않는 경우 등에는 "그 밖의 경우"에 √표시를 합니다.

03
자금출처조사는 누구에게 나올까

국세청은 자금출처조사 대상자 선정 기준을 구체적으로 공개하고 있지 않습니다. 하지만 모든 부동산 취득자를 조사를 할 수는 없으므로 단순히 부동산을 취득한다고 해서 모두 대상자로 선정되는 것은 아닙니다. 실제 수많은 자금출처조사를 직·간접적으로 경험해 본 바 다음 항목들이 공통적인 기준이 될 수 있음을 유추해 볼 수 있습니다.

[자금출처조사 선정 기준]
- 주택의 금액
- 주택 취득자의 나이
- 주택 취득자의 소득수준 및 재산보유현황
- 주택 취득자의 주요한 소득의 종류
- 자금출처 마련에 소요된 기간
- 자금조달액의 구성비율

예를 들어 10억 원의 주택을 취득한 A, B의 나이가 각각 25세, 50세라고 가정한다면 B가 자금출처조사 대상자로 선정될 가능성보다 A가 대상자로 선정될 가능성이 높습니다. 동일한 논리로 같은 나이인 C, D가 각각 5억 원, 20억 원의 주택을 취득하는 경우 C보다 D가 대상자로 선정될 가능성이 높습니다. 다만, 이 경우에도 D의 근로소득·사업소득과 같은 종합소득으로 신고된 금액이 C에 비하여 월 등히 높은 수준으로서 20억 원의 주택을 취득하기에 무리가 없다면 오히려 D가 C보다 대상자로 선정될 가능성이 낮을 수도 있습니다.

상담을 하면 많은 분들이 공통적인 질문을 하십니다. "세무사님, 제가 30살인데 이번에 5억 원의 주택을 취득하면 또는 10억 원의 전세계약을 체결한다면 자금출처조사가 나올까요?" 국세청은 자금출처조사를 위해 자금조달계획서뿐만 아니라 소득과 지출에 대한 분석시스템, 금융정보분석원(FIU) 등 다음의 다양한 내부시스템을 활용하여 수시로 대상자를 관리하고 있습니다.

단순히 나이와 취득하려는 부동산의 금액만으로는 부족하며, 지금까지 소득이 발생된 기간, 소득의 수준과 종류, 취득금액에서 부채가 차지하는 비율과 부채의 종류를 함께 검토해야 할 뿐만 아니라 부동산 취득자가 지금까지 사용한 카드·현금영수증 사용액까지 함께 고려해야 정확한 답변을 낼 수 있을 것입니다.

[국세청 내부시스템]

- PCI 소득지출 분석시스템
- 차명주식 통합분석시스템
- 탈세, 차명계좌제보
- FIU 정보 통합분석시스템
- 국제거래 통합분석시스템

- 세원정보 통합분석시스템
- 자료상 조기경보시스템
- 신용카드 조기경보시스템
- 첨단탈세방지담당관실

1. PCI시스템(소득지출 분석시스템)

PCI시스템이란 2009년 도입된 제도로 신고된 소득과 재산증가액 및 소비지출액을 비교·분석하는 시스템을 말합니다. 국세청은 PCI시스템을 통해 납세자가 본인의 자력으로 부동산을 취득했는지 여부에 대해 신고된 소득을 기준으로 판단합니다. 신고된 소득보다 재산증가액과 소비지출액이 많은 경우 출처부족액에 대해 자금출처조사를 시행하는 것입니다.

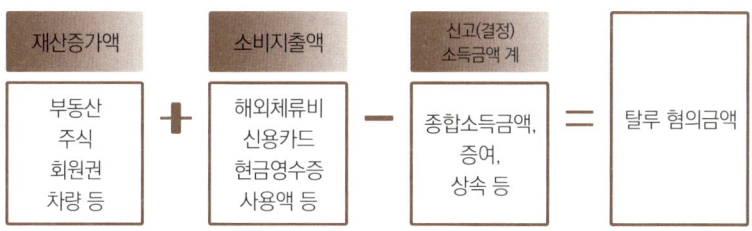

위와 같이 일정기간의 재산증가액 및 소비지출액과 신고된 소득금액을 비교·분석하여 탈루혐의금액을 산정하고 해당 금액에 대해 조사가 이루어집니다.

[PCI시스템이 유용한 이유]

PCI시스템은 지능적 탈세에 대응하기 위하여 만들어진 시스템으로 국세청은 다음과 같은 사례에 적극적으로 대응할 수 있게 되었습니다.

① 사업체를 영위하거나 프리랜서로서 현금거래를 통해 매출을 누락하는 경우
② 종합소득세를 적게 내기 위해 배우자, 부모님의 명의로 사업자등록을 하여 차명으로 사업체를 운영하는 경우
③ 부모님이 현금을 인출하여 자녀의 생활비 또는 부동산 취득자금으로 지원해 주는 경우
④ 부모님이 코인을 자녀의 개인지갑으로 이체하고 해당 코인 매각대금을 자녀의 부동산 취득자금으로 사용하는 경우

세금을 탈루하는 과정을 국세청이 포착하지 못했더라도 결국 탈루소득금액은 실제 소득자의 부동산 취득자금을 포함한 재산증가액 또는 소비지출액으로 귀속됩니다. PCI시스템을 통해 최종 단계에서 탈루금액을 파악할 수 있으므로 현금이나 코인을 활용하거나 명의대여를 통해 세금을 탈루한 경우에도 자금출처조사를 받을 가능성은 예전과 비교하여 급격히 증가하였습니다.

〈1〉 자산분석

국세청은 부동산 취득금액, 주식 및 코인보유액, 은행예금보유액, 차량 취득금액 등을 포함한 모든 자산에 대한 자료를 수집하여 평가하고 있습니다. 부동산 등기자료, 금융기관자료, 조합 등 민간기관이 제공한 자료, 기타 공공기관자료 등 다양한 방식으로 관련 자료를 수집하고 있으며, 자산분석에 관련된 국세청의 정보력은 높은

수준을 자랑합니다.

〈2〉 소비분석

생활비를 비롯한 카드사용액, 현금영수증 사용액, 국세 및 지방세액 등 지출방식에 중점을 두어 소비를 분석하고 있습니다. 국세청은 은행거래 명세서, 신용카드 사용내역, 공과금 청구서 등 자료를 모두 수집하고 있으므로 전반적인 지출방식과 금액을 파악하고 있습니다.

〈3〉 소득분석

국내거주자의 근로소득, 사업소득, 이자소득, 배당소득, 임대소득 등 모든 소득은 국세청에 신고되거나 자진신고할 의무가 있으므로 국세청에 신고되지 않은 소득에 대해서는 납세자가 입증해야 합니다. 증여 또는 상속으로 인한 소득 역시 마찬가지며, 현재 과세 유예 되고 있는 일부 주식 또는 코인 매매소득에 대해서는 세무조사를 통해 입증하는 과정을 거치게 됩니다.

코인과 관련된 소득이라고 하더라도 일반적인 거래소 매매소득에 대해서만 과세 유예 되고 있으며, 이외의 코인 관련 소득들은 보통의 종합소득과 같이 과세대상으로 신고·납부 의무가 있을 수 있다는 점을 유의해야 합니다. 해당 내용에 대해서는 [3장]에서 자세히 설명하고 있습니다.

> **[상담 사례]**
>
> 실제 상담을 하다 보면 부모님이 주기적으로 현금을 인출하여 자녀가 생활비로 사용하거나 해당 자금을 모아 부동산을 취득한다면 국세청이 알 수 없으므로 안전하다고 생각하는 경우가 많습니다. 위에서 보는 것과 같이 현금을 지원하는 단계에서는 국세청이 파악할 수 없지만, PCI시스템을 통해 지원받은 자금을 사용하는 단계에서 자금출처조사 대상자로 선정되는 것입니다.
>
> 또는 부모님으로부터 비과세 되는 증여금액보다 많은 재산을 증여받으려는 경우로서 친척 계좌를 활용해 부모님의 자금을 우회하여 친척으로부터 증여받은 것으로 꾸며서 신고하는 경우도 있습니다. 자금출처조사가 실시되면 자금출처조사 대상자의 수년간 계좌를 비롯한 모든 금융자료를 전수조사 하므로 결국 부모님으로부터 자금이 흘러들어 왔다는 것이 드러나게 됩니다.

세금을 적게 내는 꼼수는 많습니다. 중요한 것은 국세청에 포착되느냐겠지요. 상담을 하면서 가장 답변드리기 어려운 질문이 걸리지 않는 안전한 꼼수를 물어보는 것입니다. 완벽히 걸리지 않으면서 안전한 꼼수는 세상에 없습니다. 또한 앞서 설명드린 것과 같이 예전에는 넘어가던 행위들이 시간이 흐를수록 고도화되는 국세청 시스템에 포착되고 있습니다.

"아는 사람이 안 걸린다고 그러던데요?"라는 생각은 위험합니다. 실제 자금출처조사 사전통지서를 받게 되면 예상한 것보다 정말 큰 세금이 추징될 수 있고 트라우마로 남을 수 있습니다. 본서의 내용이 최악의 상황을 대비하는 계획의 시작으로 다가가길 바라며, 각자의 상황이 어느 정도의 자금출처조사 대상자 선정 가능성을 가지고 있는지 충분히 인지하는 것이 무엇보다 중요하겠습니다.

[PCI시스템을 통한 실제 자금출처조사 사례1]

① **사실관계**
- 해당 사업자는 유튜버 및 인플루언서로 활동하면서 최근 5년간 사업소득금액 15억 원을 신고(합계액)함
- 유튜브로 발생한 해외수익 중 일부를 누락하여 과소신고함
- 인플루언서로서 받는 광고대가 중 일부를 현금으로 수취함
- 서울 소재 시가 20억 원의 아파트와 시가 3억 원의 고급승용차를 취득하여 거주하는 등 재산증가액이 신고된 소득금액에 비해 과다함

② **PCI시스템을 통한 탈루혐의금액**
- 재산증가액(부동산, 차량, 예금 등): 약 25억 원
- 소비지출액(신용카드 사용액, 세금 등): 약 4억 원
- 신고소득금액: 약 15억 원
→ 탈루혐의금액: 약 14억 원

[PCI시스템을 통한 실제 자금출처조사 사례2]

① **사실관계**
- 해당 사업자는 보험설계사로서 프리랜서로 활동하고 있음
- Z배우자와 부모님의 명의로 사업자등록을 하여 보험설계사 소득 중 일부를 우회하여 받고 있음

- 각자의 소득으로 구분하여 종합소득세를 신고하였으며, 실제로 배우자와 부모님은 해당 업무를 하지 않음
- 서울 소재 시가 25억 원의 아파트를 취득하여 거주하고 있으며, 가족이 함께 해외여행을 13회 가는 등 재산증가액과 소비수준이 신고된 소득금액에 비해 과다함

② **PCI시스템을 통한 탈루혐의금액**
- 재산증가액(부동산, 차량, 예금 등): 약 30억 원
- 소비지출액(신용카드 사용액, 세금 등): 약 5억 원
- (본인 명의)신고소득금액: 약 20억 원
→ 탈루혐의금액: 약 15억 원

위와 같은 사례의 경우 자금출처조사를 통해 소득의 실제 귀속에 따라 세금이 추징될 수 있을 뿐만 아니라 적극적인 탈세행위로 보아 높은 가산세가 적용될 수 있으므로 각별히 유의해야 합니다.

2. FIU(금융정보분석원)

금융정보분석원이란 「특정 금융거래정보의 보고 및 이용 등에 관한 법률」에 의거하여 설립된 기구로서 국세청, 경찰청, 한국은행, 금융감독원, 법무부 등 관계기관의 전문 인력으로 구성되어 있으며, 불법거래, 자금세탁 행위로 판단되는 자료를 법집행기관(경찰청, 검찰청, 국세청, 관세청 등)에 제공하는 업무를 하고 있습니다. 이를 위해 탈세를 추적하기 위한 여러 가지 제도 중 대표적인 고액현금거래보

고제도(CTR)와 혐의거래보고제도(STR)를 통해 금융기관으로부터 자료를 보고받아 분석하고 있습니다.

〈1〉 CTR(고액현금거래보고제도)

금융기관은 하루(1일) 1,000만 원 이상 고액현금거래 시 FIU에 의무적으로 보고해야 하는데 이 제도가 CTR(고액현금거래보고제도) 입니다. 보고받은 FIU는 해당 정보를 분석하여 탈세 의심거래에 대해 국세청에 정보를 제공하여 국세청의 세무조사를 돕고 있습니다. 따라서 부동산을 취득하는 행위를 하지 않더라도 고액 현금 입출금만으로 세무조사의 대상이 될 수 있음을 유의해야 합니다.

고액현금거래보고제도는 자금세탁거래와 탈세행위가 대부분 고액의 현금거래를 수반하기 때문에 금융기관의 주관적 판단에 의존하는 의심거래보고제도만으로는 적발이 어려울 수 있는 문제점을 재고하기 위해 만들어진 제도입니다.

이때 '고액현금거래'는 한곳의 금융기관에 동일인 명의로 하루 동안 거래되는 총액을 말하는 것으로 다른 은행에서 거래한 금액은 제외합니다. 또한 현금거래만 해당되는 것으로 수표거래는 CTR의 대상이 되지 않습니다.

> [사례]
>
> A 은행에서 800만 원을 인출하고 같은 날 B 은행에 다시 800만 원을 입금하더라도 CTR(고액현금거래보고제도)의 신고 대상이 아닙니다. 한곳의 금융기관에서 하루 동안 거래 총액이 1,000만 원 이상에 해당하지 않기 때문입니다.

다만, 유의해야 하는 것은 1,000만 원이 넘는 고액현금거래가 아니더라도 거래금액과 횟수가 일정기준에 해당하는 경우에도 금융기관에서는 FIU에 보고하고 있으며 이로 인해 실제로 세무조사의 대상이 되고 있습니다. 따라서 "하루에 1,000만 원만 안 된다면 안전한 거래"라는 말을 듣고 900만 원씩 입출금하는 등의 위험한 현금거래 행위는 피해야 하며, 사전에 세무전문가와 합리적인 계획을 수립하는 것이 필요합니다.

> [FIU를 활용한 실제 자금출처조사사례]
>
> 제약회사의 영업 사원인 A 씨는 거래처 병원 및 약국에 리베이트 지급을 위해 매월 수백 건 이상의 소액 현금을 인출하였습니다. 하루 1,000만 원 미만의 금액이지만, 국세청은 FIU정보를 통해 해당 거래를 포착하여 제약회사에는 법인세 등을 추징하고, 거래처 병원과 약국에는 종합소득세 등을 추징하였습니다.

〈2〉 STR(혐의거래보고제도)

STR(혐의거래보고제도)은 현금거래 중 자금세탁 등이 의심되는 경우 FIU에 보고하는 제도입니다. CTR과는 다르게 신고의 기준이 되는 금액이 정해져 있지 않아 금융기관의 판단이 들어가는 것이 차이점입니다.

　금융기관이 혐의거래에 대해 FIU에 보고하면 FIU는 보고된 혐의거래 내용과 자체적으로 수집한 자료들을 종합·분석한 금융거래자료를 국세청 등 법집행기관에 제공하여 적합한 세무조사가 이어질 수 있도록 합니다.

3. 자금출처조사 대상자로 선정될 수 있는 실제 사례

　국세청은 PCI시스템, FIU를 비롯한 내부시스템과 관련 기관으로부터 수집하는 자료를 종합적으로 분석하여 자금출처조사를 진행하고 있으며, 다음 사례들이 모두 실제 조사의 대상이 되고 있습니다.

[자금출처조사 사례]

- 자녀의 생활비를 부모님의 카드로 결제하거나 부모님으로부터 현금을 지원 받는 경우
- 부모님으로부터 자금을 차용하여 전세계약을 하거나 부동산을 취득하는 경우
- 경제적으로 독립한 신혼부부가 부모님으로부터 혼수용품, 축의금을 받는 경우
- 부모님의 재산을 담보로 대출을 받아 자녀가 사용하는 경우
- 부모님이 자녀의 채무를 대신 상환하는 경우
- 부모님의 사업체에 자녀를 직원으로 등록하여 급여를 받는 경우
- 부모님 명의 계좌로 주식, 코인을 투자하고 수익을 자녀가 가져가는 경우
- 부모님 명의 부동산을 시세보다 저렴한 금액으로 자녀에게 매매 또는 증여하는 경우
- 자녀 명의 부동산에 부모님이 임차인으로서 시세보다 높은 임대료를 지급하는 경우

04
국세청이 자금출처조사로 세금을 추징할 수 있는 이유

1. 증여추정

자금출처조사의 정의, 조사대상자 선정기준, 자금출처조사 대상 금액, 자금출처조사의 흐름 등 전반적인 내용에 대해 알아봤습니다. 현실적으로 자금출처조사는 추징세액 없이 잘 마무리될 수도 있지만, 수천만 원·수억 원 이상의 세금과 가산세가 추징될 수 있습니다. 이렇게 국세청이 자금출처조사를 통해 세금을 추징할 수 있는 이유는 세법에서 '재산 취득자금 등의 증여추정'을 규정하고 있기 때문입니다.

「상속세 및 증여세법」 제45조의 '증여추정' 규정은 쉽게 말해 특정 금액에 대해서는 모두 증여받은 것으로 보아 세금을 부과하고, 만약 증여가 아닌 경우 증여가 아니라는 사실을 국세청이 아닌 납세자가 입증해야 한다는 것입니다.

> **상속세 및 증여세법 제45조(재산 취득자금 등의 증여 추정)**
>
> ① 재산 취득자의 직업, 연령, 소득 및 재산 상태 등으로 볼 때 재산을 자력으로 취득하였다고 인정하기 어려운 경우로서 대통령령으로 정하는 경우에는 그 재산을 취득한 때에 그 재산의 취득자금을 그 재산 취득자가 증여받은 것으로 추정하여 이를 그 재산 취득자의 증여재산가액으로 한다.
>
> ② 채무자의 직업, 연령, 소득, 재산 상태 등으로 볼 때 채무를 자력으로 상환(일부 상환을 포함한다. 이하 이 항에서 같다)하였다고 인정하기 어려운 경우로서 대통령령으로 정하는 경우에는 그 채무를 상환한 때에 그 상환자금을 그 채무자가 증여받은 것으로 추정하여 이를 그 채무자의 증여재산가액으로 한다.
>
> ③ 취득자금 또는 상환자금이 직업, 연령, 소득, 재산 상태 등을 고려하여 대통령령으로 정하는 금액 이하인 경우와 취득자금 또는 상환자금의 출처에 관한 충분한 소명(疏明)이 있는 경우에는 제1항과 제2항을 적용하지 아니한다.
>
> ④ 「금융실명거래 및 비밀보장에 관한 법률」 제3조에 따라 실명이 확인된 계좌 또는 외국의 관계 법령에 따라 이와 유사한 방법으로 실명이 확인된 계좌에 보유하고 있는 재산은 명의자가 그 재산을 취득한 것으로 추정하여 제1항을 적용한다.

현실적으로 국세청이 모든 편법증여 행위를 포착하거나 세무조사 대상자로 선정하는 것은 불가능합니다. 따라서 재산 취득자의 직업, 연령, 소득 및 재산 등을 종합적으로 봤을 때 자력으로 재산을 취득했다고 보기 어려운 경우 자금출처부족액을 증여받은 것으로 우선 추정하여 세무행정의 낭비를 줄이고 조세회피 행위를 막겠다는 취지입니다.

[코인 관련 자금출처조사]

코인과 관련된 소득으로 고가의 부동산 등을 취득하는 경우 다음과 같은 공통적인 특성을 가지고 있으므로 자금출처조사의 가능성이 높습니다.

- 재산 취득자의 연령이 대부분 20·30대에 해당함
- 대다수가 코인과 관련된 소득 외 근로소득 및 사업소득과 같은 종합소득이 없음
- 취득하는 부동산 금액과 자금출처부족액의 금액이 비교적 큼
- 재산 취득의 주기가 짧은 편이며, 재산을 단계적으로 취득하지 않았으므로 자금흐름을 파악하기가 어려움

위와 같은 이유 때문에 코인 투자자분들은 조사의 가능성이 높으므로 반드시 코인과 관련된 소득을 증빙하기 위한 자료를 미리 수집하고 준비해야 합니다. 정상적으로 자금의 출처를 입증한다면 아무리 자금출처조사가 시작되었다고 하더라도 추징세액 없이 세무조사가 끝날 수 있습니다.

2. 증여추정 적용 및 입증방법

〈1〉 증여추정 적용 판단 기준

(1) 직업, 연령

자금출처조사대상자를 선정하고 증여추정을 적용함에 있어서 재산 취득자의 직업 및 연령은 중요한 요소입니다. 예를 들어 학생 또는 사회초년생의 경우 20년 이상 직장 생활을 한 근로자보다 재산취

득능력이 떨어지는 것으로 판단하여 자금출처부족액이 적더라도 증여추정이 적용될 수 있습니다.

(2) 취득자의 소득 및 재산 상태

증여추정은 취득자의 소득 및 재산 상태를 분석했을 때 출처가 부족한 것으로 판단되는 경우 적용됩니다. 해당 법 규정을 근거로 도입한 시스템이 PCI시스템입니다. 결국 재산 취득자의 소득과 재산증가액을 비교하여 차액에 대해 출처부족액으로 보아 증여추정을 적용하는 것입니다.

(3) 채무상환

상증법 제45조에는 재산을 취득한 것과 동일하게 채무를 상환한 것에 대해서도 증여추정을 적용합니다. 따라서 소득 대비 채무상환액이 큰 경우 초과금액을 출처부족액으로 보아 증여추정을 적용합니다.

[상담 사례]

자금출처조사를 걱정하는 분들 중에서 조사의 위험을 줄이기 위해 자녀가 부동산을 취득할 때 담보대출 및 회사대출 등을 활용하여 자금출처를 마련한 뒤, 1~2년 내 부모님이 원리금을 대신 상환하는 방법에 대한 문의가 많습니다.

자금출처조사에서 채무상환액 역시 재산증가액(부동산 취득액)과 동일하게 취급하며, 자금출처조사 대상자는 부동산 취득시기를 전후로 한 일시적인 기간만을 기준으로 선정하는 것이 아니라 재산 취득자의 자산 및 부채 변동현황을 계속해서 관리하고 있으므로 해당 방법으로 자금출처조사의 가능성을 줄이는 것은 어렵습니다.

05
실제 자금출처조사 대응 과정은 어떻게 이루어지는가

1. 출처로 인정되는 소득

자금출처조사의 가장 큰 흐름은 재산취득액(채무상환액), 재산증가액, 사용·소비액의 합계에 대한 자금출처를 입증해야 합니다. 이때 자금출처로 인정되는 소득은 다음과 같습니다.

〈1〉 종합소득

근로소득, 사업소득과 같은 종합소득입니다. 적정하게 신고된 종합소득은 출처로 인정될 수 있습니다.

소득구분	출처인정금액	입증서류
이자·배당소득	지급받은 금액 - 세금	원천징수영수증
근로소득	총급여액 - 세금	원천징수영수증
사업소득	사업소득금액 - 세금	종합소득세신고서

[실제 자금출처조사 사례]

자금출처조사를 통해 신고되지 않은 소득이 포착되는 경우 별도의 종합소득세가 부과될 수 있습니다. 자금출처조사에서 난감한 경우 중 하나입니다. 자금출처조사가 나왔지만 재산 취득자가 사업을 운영하고 있는 상황에서 매출누락 또는 가공경비 계상 등 사업소득을 과소신고·납부한 정황이 드러나 예상하지 못한 종합소득세와 가산세가 부과되는 경우입니다.

자금출처조사라고 하더라도 조사 과정에서 종합소득세가 추징될 수 있으며, 종합소득세는 소득규모에 따라 오히려 증여세보다 높은 세율이 적용되기 때문에 증여세보다 많은 세금이 부과될 수도 있습니다. 따라서 사업체를 운영하고 있는 사업주분들은 보다 철저한 자금출처조사의 대비가 필요합니다.

〈2〉 증여·상속

재산 취득 전 증여·상속받은 재산은 출처로 인정될 수 있습니다.

소득구분	출처인정금액	입증서류
증여	증여받은 금액 - 세금	증여세신고서
상속	상속받은 금액 - 세금	상속세신고서

증여·상속받은 재산은 원칙적으로 신고된 내역으로 입증하고 있습니다. 다만, 상속의 경우 10억 원(5억 원)의 상속공제금액에 미달하여 상속세를 별도로 신고하지 않은 경우에도 상속재산협의분할서,

사망확인서, 피상속인재산조회내역 등 관련 자료를 통해 상속재산을 출처로 인정받을 수 있습니다. 증여 역시 5천만 원 이내(혼인·출산 증여공제 별도)의 증여재산공제금액에 미달하는 경우에는 미신고했더라도 인정받을 수 있으며, 만약 증여재산공제금액을 초과하는 금액을 미신고했다면 증여세와 가산세가 추징되게 됩니다.

〈3〉 부동산 매매차익

자금출처조사 대상이 되는 재산을 취득하기 전 부동산을 매매하여 발생한 수익을 입증하는 경우 출처로 인정될 수 있습니다.

소득구분	출처인정금액	입증서류
부동산 매매차익	양도가 - 취득가	매매계약서, 양도세신고서

〈4〉 임대보증금, 금융기관 대출

재산 취득자가 소유하고 있는 부동산을 임대하여 받은 임대보증금이나 부동산을 담보로 하여 받은 금융기관 대출금액들은 모두 출처로 인정될 수 있습니다.

소득구분	출처인정금액	입증서류
임대보증금, 금융기관대출	채무잔액	임대차계약서, 부채증명원

<5> 주식, 코인(가상자산) 매매차익

주식과 코인 매매차익 역시 입증하는 경우 출처로 인정될 수 있습니다.

소득구분	출처인정금액	입증서류
주식 매매차익	매매차익	증권사 매매내역
코인 매매차익	매매차익	관련 자료

[코인 매매차익 입증]

주식은 보통 증권사를 통해 매매하기 때문에 매매차익에 대한 자료를 쉽게 준비할 수 있지만, 코인은 거래소를 통하지 않는 거래, 프리미엄거래, 아비트리지 스왑거래 등 거래의 방식이 다양하고 복잡하여 매매차익을 한눈에 볼 수 없는 경우가 대부분입니다.

따라서 개인지갑, 거래소 자료, 금융거래내역 등 여러 가지 정보를 취합하여 입증자료를 만들어야 하며, 내용에 따라 반년 이상의 시간이 소요되는 경우도 있습니다. 실제로 자료 준비 시간이 너무 오래 걸려 조사팀에 양해를 구하고 세무조사를 중지한 뒤, 몇 달간 자료를 준비하여 대응한 자금출처조사 사례도 있습니다.

코인매매의 방식이 복잡한 경우에는 반드시 해당 분야에 전문성을 갖춘 세무전문가의 도움을 받으시는 것을 추천드립니다.

2. 증여추정배제

「상속세 및 증여세법」에서는 재산을 자력으로 취득했다고 보기 어려운 경우에도 대통령령으로 정하는 것에 해당한다면 증여추정을 적용하지 않는 것으로 예외를 규정하고 있습니다.

입증된 금액의 합계액이 재산취득액(채무상환액)보다 적어 출처부족액이 발생하더라도 입증하지 못한 출처부족액이 min(재산취득액의 20%, 2억 원)에 미달하는 경우에는 전부를 입증한 것으로 보아 증여추정을 적용하지 않습니다.

> **상속세 및 증여세법 시행령 제34조(재산 취득자금 등의 증여추정)**
> ① 법 제45조 제1항 및 제2항에서 "대통령령으로 정하는 경우"란 다음 각 호에 따라 입증된 금액의 합계액이 취득재산의 가액 또는 채무의 상환금액에 미달하는 경우를 말한다. 다만, 입증되지 아니하는 금액이 취득재산의 가액 또는 채무의 상환금액의 100분의 20에 상당하는 금액과 2억원중 적은 금액에 미달하는 경우를 제외한다.
> 1. 신고하였거나 과세(비과세 또는 감면받은 경우를 포함한다. 이하 이 조에서 같다)받은 소득금액
> 2. 신고하였거나 과세받은 상속 또는 수증재산의 가액
> 3. 재산을 처분한 대가로 받은 금전이나 부채를 부담하고 받은 금전으로 당해 재산의 취득 또는 당해 채무의 상환에 직접 사용한 금액

> **[증여추정 배제 사례1]**
>
> **1. 8억 원의 부동산을 취득하는 경우**
> 부동산 취득액이 8억 원인 경우 min(1.6억 원, 2억 원)인 1.6억 원을 제외한 금액을 입증한다면 증여추정이 적용되지 않습니다. 이때 재산취득이 부동산인 경우 취득세와 취득 관련 부대비용을 포함한 금액을 재산취득금액으로 봅니다.
>
> **2. 12억 원의 채무를 상환하는 경우**
> 채무상환액이 12억 원인 경우 min(2.4억 원, 2억 원)인 2억 원을 제외한 금액을 입증한다면 증여추정이 적용되지 않습니다.

다만, 유의해야 할 점은 입증한 금액이 재산취득액(채무상환액)의 80% 이상이라고 하더라도 세무조사 과정에서 나머지 미입증금액도 증여받았다는 사실을 조사팀이 파악하는 경우에는 모든 재산취득액(채무상환액)에 대해 입증해야 합니다. 즉, 출처부족액이 min(재산취득액의 20%, 2억 원)에 미달한다고 해서 반드시 증여세가 면제되는 것은 아니며, 최근에는 PCI시스템을 통해 국세청이 증여 또는 소득의 탈루를 구체적으로 파악하고 있기 때문에 재산취득액의 80% 이상을 소명한 경우라도 세무조사가 마무리되지 않는 경우도 있습니다.

3. 자금출처조사 시행기준

「상속세 및 증여세법 시행령」에 따라 재산 취득자금 또는 상환자금이 대통령령으로 정하는 금액 이하인 경우 증여추정을 적용하지 않습니다. 대통령령으로 정하는 금액은 연령·직업·재산상태·사회경제적 지위 등을 고려하여 국세청장이 정하는 것으로 「상속세 및 증여세법 사무처리규정」에서 기준 금액을 규정하고 있습니다. 모든 혐의자를 자금출처조사 대상자로 선정하여 조사를 실시할 수는 없기 때문에 일정한 배제기준을 두고 있는 것입니다.

구분	취득재산		채무상환	총액한도
	주택	기타재산		
30세 미만	5천만 원	5천만 원	5천만 원	1억 원
30세 이상	1.5억 원	5천만 원	5천만 원	2억 원
40세 이상	3억 원	1억 원	5천만 원	4억 원

재산(주택 또는 기타재산)의 취득가액과 채무상환액이 각각의 기준에 미달하고, 재산취득액과 채무상환액의 합계액이 총액한도 기준에 미달하는 경우 자금출처조사 대상자에서 제외될 수 있습니다.

> **[증여추정 배제 사례2]**
>
> 35세인 A 씨가 6억 원의 주택을 취득한 경우 1.5억 원을 기준금액으로 하여 자금출처조사 여부를 판정하는데 A 씨는 주택 취득가액이 6억 원이므로 자금출처조사의 대상에 해당합니다.
>
> 이때 A 씨의 입증되는 본인의 소득이 5억 원인 경우 미입증금액이 증여추정배제기준인 min(5억 원의 20%, 2억 원) 이내이므로 증여추정을 적용받지 않을 수 있습니다.

다만, 앞서 말씀드린 바와 같이 각각의 금액이 기준에 미달하는 경우라도 재산취득액 또는 채무상환액을 증여받았다는 사실을 조사팀이 입증하는 경우에는 증여세 과세대상에 해당한다는 것을 유의해야 하며, 자금출처부족액이 기준금액 이내라고 반드시 안전하다는 생각은 지양해야 합니다.

06
차용거래와 증여의 구분

 자금출처조사에서 빠질 수 없는 주제 중 하나가 부모님으로부터 빌린 자금이 차용인지 증여인지에 대한 구분입니다. 실제로 자금출처조사의 70%~80% 이상의 건이 직·간접적으로 차용거래와 관련이 있으며, 이에 대한 조사팀과의 입장 차이는 항상 존재하므로 세법과 과세관청에서 바라보는 차용거래에 대해 미리 파악하고 적절히 대비할 필요가 있습니다.

1. 금전소비대차와 차용증의 개념

 금전소비대차란 돈을 빌려주고 갚는 행위를 민법상 부르는 말입니다. 금전소비대차 계약의 약정 내용을 입증하기 위해 서면으로 계약서를 작성하는데 이를 흔히 '차용증'이라 부르는 것입니다.

 차용증의 형식과 내용에 대해 법으로 정하고 있는 것은 없습니다. 하지만 다음의 내용은 차용증에 반드시 들어가야 하는 필수적인 항목에 해당하는 것으로 필수 항목들이 빠져 있는 차용증은 객관성을 인정받기 어려울 수 있습니다.

> [차용증 필수 기재사항]
>
> - 차용금액
> - 상환기일
> - 이자율
> - 원리금 상환 방법
> - 대여인과 차용인의 정보

위 항목들은 차용증에 공통적으로 기재되는 내용으로서 일부 항목들이 기재되지 않은 경우 차용증으로 인정되기 어려울 수 있으며, 실제로 위 항목들 외에도 차용의 목적 등 사실관계에 맞게 구체적인 내용들을 추가한다면 더욱 신뢰 가능한 차용증이 될 수 있습니다.

2. 세법에서 바라보는 차용거래

세법에서 배우자 및 직계존비속 간의 금전소비대차는 원칙적으로 인정하고 있지 않습니다. 인정하고 있지 않다는 의미는 결국 증여로 추정한다는 것입니다. 다만, 당사자 간 계약내용, 이자지급사실, 차입 및 상환내역, 자금출처 및 사용처 등 당해 자금거래의 구체적인 사실관계에 따라 객관적인 차용거래임을 입증한다면 예외적으로 증여로 보지 않습니다.

〈1〉 차용 거래를 인정받으려면

차용거래 인정 여부에 영향을 미칠 수 있는 기준은 다음과 같이 정리해 볼 수 있습니다.

[차용거래 판단의 기준]

- 차용증 작성
- 차용금액의 규모
- 차용인의 상환능력
- 상환기한
- 원리금 상환내역
- 차용인과 대여인의 관계

관련 해석 및 판례에서는 부모와 자녀가 금전을 차용하고 변제한 사실이 차용증, 원리금 상환내역 등에 의해 입증되는 경우로서 세무서장이 사실관계를 종합적으로 보아 증여 또는 차용거래를 판단하는 것으로 보고 있습니다. 이때 구체적으로 규정하고 있지 않지만, 실제 세무조사에서 상환기한과 차용금액의 규모, 차용인의 상환능력, 차용인과 대여인의 관계 등이 판단에 중요한 영향을 미치고 있습니다.

예를 들어, 2억 원의 자금을 부모님으로부터 빌릴 때 자녀가 미성년자인 경우와 연소득 1억 원 이상의 근로자인 경우에 차용거래 인정여부는 분명히 달라질 것입니다. 또한 소득이 충분한 자녀가 2억 원의 자금을 무이자로 빌릴 때 상환기간이 5년인 것과 50년인 것 역시 다르게 판단될 것입니다.

극단적인 사례를 비교했지만 실제로 차용거래의 인정가능성을 높이기 위해서는 차용인의 나이, 상환능력 등을 고려하여 적절한 차용금액, 상환기간, 이자율, 원금상환 방식 등을 정하는 것이 중요합니다. 만약 차용거래가 인정되지 않고 증여로 추정된다면 최초 빌린 시점을 증여일로 보아 소급하여 증여세와 가산세가 추징될 수 있으며, 세법을 법문 그대로 엄격 해석 하여 적용한다면 자금을 빌린 행위와 갚는 행위를 각각 증여로 보아 2건의 증여에 대해 증여세와 가산세가 추징될 수도 있습니다.

〈2〉 차용증이 없어도 차용거래가 인정되는 경우

일부 판례에서는 차용거래를 하면서 별도의 차용증을 작성하지 않은 경우에도 차용인과 증여인의 관계, 상환시기, 차용금액, 증여의사, 증여능력 등의 사실관계를 종합하여 판단했을 때 거래의 실질이 차용거래에 해당한다면 증여로 추정하지 않는다고 판단하고 있습니다.

이와 같이 차용거래는 형식과 실질에 따라 차용거래로 인정될 수도, 인정되지 않고 증여로 추정될 수도 있으므로 부인될 가능성이 높은 상황이라면 세무전문가의 도움을 받아 전반적인 차용계획을 수립하는 것이 중요할 것입니다.

아래는 실제로 세무조사를 대응한 사례로 지방국세청에서 증여로 추정하여 자금출처조사에 착수했지만 적절한 대응을 통해 정상적인 차용거래로 인정받은 내용입니다.

[실제 자금출처조사 대응 사례]

해당 사례는 부모가 미성년자 자녀의 명의로 여러 채의 부동산을 취득했고, 부동산 취득 전 증여한 재산은 없으며 모든 부동산 취득자금은 차용거래로 조달하였습니다. 부동산 취득 후 부동산을 보유하는 단계에서 발생하는 재산세와 종합부동산세 등의 보유세 역시 부모가 대납하였습니다.

자금출처조사를 실시한 관할지방국세청은 소득능력이 전혀 없는 미성년자 자녀의 명의로 여러 채의 부동산을 취득하여 다주택자가 된 상황을 정상적인 차용거래로 인정해 준다면 부적절한 선례를 남겨 과세형평을 저해할 수 있다고 판단하여 해당 행위를 증여 또는 부동산 명의신탁으로 보아 자금출처조사를 실시하였습니다.

자녀가 미성년자로서 소득능력이 없다는 점은 불리하게 작용하는 요인이었으며, 차용금액 및 횟수와 같은 사실관계 역시 정상적인 차용거래로 인정받기 쉽지 않은 사례였습니다. 다만, 판례에서 공통적으로 언급하고 있는 논리를 실제 사실관계에 적용해 보면 실질적인 차용거래로 인정받을 수 있는 요소들도 분명히 존재하기 마련입니다. 해당 사례가 차용거래로 인정되지 않는다면 발생할 수 있는 세무상 문제점을 주장함으로써 정상적인 차용거래로 세무조사를 마무리할 수 있었습니다.

차용거래에 대하여 자금출처조사가 개시되었을 때 해결할 수 있는 방안은 다양하게 존재할 수 있습니다. 다만, 모든 사례에 일률적으로 적용될 수 있는 해결방안은 없으므로 각 사례에 맞는 적절한 방안을 모색해야 하기 때문에 자금출처조사를 대응하는 담당 세무대리인의 해당 업무에 대한 경험과 전문성에 따라 세무조사의 결과가 달라질 수 있습니다.

3. 무이자 차용거래

〈1〉 무이자 차용거래 증여세 과세

「상속세 및 증여세법」 제41조의4에서 금전을 무상 또는 저리로 빌리는 경우 증여세 부과기준을 규정하고 있으며 해당 내용을 정리하면 다음과 같습니다.

(금전 무상대출 등에 따른 이익의 증여)

① 타인으로부터 금전을 무상 또는 낮은 이자율로 빌리는 경우 증여세가 부과될 수 있습니다.

② 무상 또는 낮은 이자율로 빌리는 경우의 증여이익은 다음과 같이 계산합니다.
- 무상대출: 대출금액 × 적정 이자율(4.6%)
- 저리대출: 대출금액 × 적정 이자율(4.6%) − 실제 이자지급액

③ ②의 산식으로 계산한 증여이익이 연간 1천만 원 이하인 경우 증여세를 부과하지 않습니다.

타인으로부터 무상 또는 저리로 자금을 빌려 대여인에게 적정이자율인 4.6%보다 적게 이자를 지급함으로써 차용인이 얻게 되는 증여이익에 대해 증여세를 부과하지만, 해당 증여이익이 연간 1천만 원 이하라면 제외됩니다.

> **상속세 및 증여세법 제41조의4(금전 무상대출 등에 따른 이익의 증여)**
> ① 타인으로부터 금전을 무상으로 또는 적정 이자율보다 낮은 이자율로 대출받은 경우에는 그 금전을 대출받은 날에 다음 각 호의 구분에 따른 금액을 그 금전을 대출받은 자의 증여재산가액으로 한다. 다만, 다음 각 호의 구분에 따른 금액이 대통령령으로 정하는 기준금액 미만인 경우는 제외한다.
> 1. 무상으로 대출받은 경우: 대출금액에 적정 이자율을 곱하여 계산한 금액
> 2. 적정 이자율보다 낮은 이자율로 대출받은 경우: 대출금액에 적정 이자율을 곱하여 계산한 금액에서 실제 지급한 이자 상당액을 뺀 금액
>
> **상속세 및 증여세법 시행령 제31조의4(금전 무상대출 등에 따른 이익의 계산방법 등)**
> ① 법 제41조의4 제1항 각 호 외의 부분 본문에서 "적정 이자율"이란 당좌대출이자율을 고려하여 기획재정부령으로 정하는 이자율을 말한다. 다만, 법인으로부터 대출받은 경우에는 「법인세법 시행령」 제89조 제3항에 따른 이자율을 적정 이자율로 본다.
> ② 법 제41조의4 제1항 각 호 외의 부분 단서에서 "대통령령으로 정하는 기준금액"이란 1천만원을 말한다.

인터넷과 유튜브에서 흔히 들을 수 있는 "2억 원까지는 무이자로

빌려도 괜찮다."라는 말의 근거규정은 위와 같으며, 위 산식으로 계산해 보면 '약 2.17억 원' 정도까지 무상으로 자금을 빌리더라도 해당 규정이 적용되지 않는 것을 알 수 있습니다.

〈2〉 차용거래 인정 여부

하지만 「상속세 및 증여세법」 제41조의4는 정상적인 차용거래인 경우 적용되는 규정으로 부모님으로부터 무이자로 자금을 빌렸을 때 거래 자체가 정상적인 차용으로 인정되는지에 대한 것은 별개의 문제인 점을 유의해야 합니다. 일반적으로 2억 원까지는 무이자로 해도 이자를 적게 지급한 것에 대한 증여규정이 적용되지 않아 차용거래 자체가 안전하다고 생각하지만, 실제로 자금출처조사가 실시되어 무이자 차용거래 자체가 정상적인 차용으로 인정되지 않아 전체를 증여로 보아 증여세가 추징되는 사례들이 있습니다.

상증법 제41조의4 규정은 이자부분에 대한 증여이익 과세 규정에 불과하며, 근본적인 문제인 차용거래 자체가 정상적인 차용으로 인정될 수 있도록 적절한 계획을 수립하는 것을 놓치면 안 될 것입니다.

4. 차용거래 관련 자주 묻는 질문(Q&A)

> Q. 미성년자나 학생도 차용거래를 할 수 있나요?

A. 미성년자나 소득이 없는 학생도 차용거래를 할 수 있습니다. 다만, 차용거래의 인정가능성이 일반적으로 낮을 수밖에 없습니다. 앞에서 서술한 것과 같이 채무자의 상환능력, 원리금 상환 내역 등의 사실관계를 종합적으로 판단하는데 미성년자나 학생은 상환능력이 있다고 보기 어렵기 때문입니다.

하지만 객관적인 내용의 차용증을 작성하여 이행하고, 원리금 상환의 출처를 명백히 마련하면서 상환시기를 조율할 수 있도록 계획한다면 정상적인 차용거래로 인정받을 수 있습니다. 실제로 자금출처조사 업무를 수행하면서 미성년자의 차용증을 인정받은 사례가 적지 않게 있기 때문에 계획을 잘 수립한다면 충분히 인정가능성을 높일 수 있습니다.

> Q. 차용증은 공증을 받아야 하나요?

A. 공증을 받아야만 정상적인 차용증으로 인정하는 것은 아닙니다. 공증 외에도 내용증명, 확정일자 등 사후적으로 작성된 문서가 아니라는 것을 입증할 수 있는 방법은 다양하게 있습니다.

다만, 공증을 받는다면 차용증의 객관성을 인정받기에 도움이 될 수 있으므로 공증을 꼭 받는 것을 추천드리는 사례도 있습니다. 차용금액, 차용인의 상환능력, 원리금 상환방식 등 사실관계에 따라 차용증으로 인정되기 어려울 것으로 판단되는 경우 공증을 받는 것이 좋을 수 있습니다.

Q. 이자는 몇%로 설정해야 하나요?

A. 이자율은 정해진 것이 없으므로 자유롭게 설정할 수 있습니다. 다만, 법에서 규정하는 법정이자율(4.6%)보다 낮은 이자율로 차용하는 경우 이자비용에 대한 증여문제가 별도로 발생할 수 있는 것입니다.

따라서 추가 증여세가 부과되지 않는 범위 내에서 이자율을 자유롭게 설정하는 것은 문제되지 않습니다.

Q. 차용기간은 제한이 있나요?

A. 차용기간 역시 법에서 정하는 것이 없으므로 자유롭게 설정할 수 있습니다. 다만, 가족 간 차용거래에서 가장 중요한 것은 해당 차용거래가 제3자 간 차용거래와 같은 객관성을 가져야 하기 때문에 너무 오랜 기간으로 설정한다면 증여로 볼 가능성이 높아질 수 있습니다.

실무에서 안전한 차용기간은 차용금액, 차용인의 상환능력, 이자율과 원리금 상환 방식에 따라 크게 달라지기 때문에 구체적인 기간 설정은 세무전문가의 검토를 받아 보시는 것을 추천드립니다.

Q. 이자에 대한 세금이 발생하나요? 세금을 신고하지 않으면 문제가 되나요?

A. 사인 간 차용거래로 인한 이자소득에 대해 대여인은 종합소득세를 납부해야 합니다. 사인 간 차용거래의 이자소득은 비영업대금의 이익으로서 25%(지방세 포함 27.5%)의 세율이 적용됩니다.

이자소득에 대한 세금을 신고·납부하지 않는 것이 차용증 인정 여부에 영향을 미치는 것은 아닙니다. 다만, 사인 간 차용거래인 만큼 자금출처조사 대상으로 선정될 가능성이 높고, 이후 차용거래를 입증하는 과정에서 세금을 신고·납부하지 않은 것이 드러날 수 있으므로 자진하여 신고·납부하는 것이 좋을 수 있습니다.

07 자금출처조사 관련 자주 묻는 질문(Q&A)

Q. 자금출처조사 대상자 선정 여부를 미리 알 수는 없나요?

A. 자금출처조사 대상자 선정 여부 및 시기를 미리 알게 된다면 관련 자료를 훼손하거나 증거를 인멸할 우려가 높기 때문에 사전에 고지하지 않습니다.

사안에 따라 세무조사가 실시되기 전 세무서 및 관련 행정기관에서 일부 내용에 대해 소명요청이 오는 경우가 있습니다. 해당 소명요청을 적절하게 대응한다면 세무조사로 이어지지 않을 수 있으니 만약 구청, 부동산원, 세무서 등에서 소명요청이 오는 경우 세무대리인의 도움을 받아 적절히 대응하시는 것을 추천드립니다.

Q. 자금출처조사가 나오기 전 절차는 어떻게 되나요?

A. 자금출처조사는 일반적으로 조사 개시일 약 2주 전 조사대상자에게 등기로 사전통지서를 전달합니다. 개시일부터 본격적인 세무조사가 시작되며, 조사팀에서 짧은 기간 내 많은 양의 자료 제출을 요구하기 때문에 약 2주의 기간 동안 미리 세무조사 내용에 대한 쟁점파악과 자료를 준비하는 것이 필요합니다.

개시 전 기간 동안 준비한 초기대응 자료의 완성도에 따라 앞으로의 세무조사 방향이 크게 달라질 수 있습니다.

> Q. 세무조사 대응을 직접 해도 괜찮나요?

A. 자금출처조사를 포함한 모든 세무조사는 세무대리인 선임 없이 직접 할 수 있습니다.
거래내용이 단순하고 충분한 자료를 준비할 수 있는 상황이라면 직접 세무조사 대응을 하더라도 전혀 문제없습니다. 실제로 세무대리인 도움 없이 0원으로 세무조사를 마무리하는 사례도 분명히 있습니다.

다만, 거래내용이 복잡한 사례에 해당한다면 세무대리인의 도움을 받아 대응하는 것이 가장 안전하게 추징세액을 최소화하는 방법일 것입니다. 개시시점에 단독으로 조사팀의 소명요청에 대응하다 불리하게 적용될 수 있는 내용을 실수로 전달하거나, 거짓으로 소명한 내용이 향후 적발된다면 조사팀은 보다 엄격하게 세무조사를 진행하게 됩니다. 또한 조사팀의 요청에 대한 대응이 늦어 시간이 지체된 경우에는 조사 도중 세무대리인을 선임하더라도 조사기간 내 마무리가 어려워져 세무조사가 연장되는 경우도 있습니다.

위와 같은 이유로 세무대리인을 선임하지 않더라도 현재 상황에 대한 객관적인 검토를 받아 보시는 것을 추천드리며, 난이도가 높고 복잡한 사안의 경우 세무대리인을 선임한다면 대응을 통해 줄이는 추징세액 절세효과가 세무대리인에게 지급하는 수수료 대비 훨씬 클 수 있습니다.

> Q. 부동산을 취득하면 반드시 자금출처조사가 나오나요?

A. 부동산 취득행위가 반드시 자금출처조사로 귀결되는 것은 아닙니다. 비정상적인 자금출처(우회증여, 매출누락, 현금거래)가 많은 비중을 차지한다면 자금출처조사의 대상이 될 수 있으며, 정상적인 자금출처라도 사인 간 차용거래, 코인 관련 소득과 같이 국세청에서 파악하기 어려운 것이라면 자금출처조사가 실시될 수 있습니다.

물론 입증 가능한 명백한 자금출처의 경우 자금출처조사가 실시되더라도 문제될 것은 없습니다.

> Q. 자금출처조사로 개인 사업체에 대한 세무조사로 이어질 수 있나요?

A. 개인에 대한 자금출처조사로 시작된 경우라도 조사 대상자의 사업체에서 세금탈루 정황이 드러나는 경우 사업체에 대한 종합소득세 등의 세금이 추징됩니다. 탈세에 대한 명백한 자료와 근거가 있는 경우에 한하여 추징되는 것으로 사업체를 운영한다고 하여 반드시 사업체 세무조사를 진행하는 것은 아닙니다.

다만, 오랜 기간 운영하던 사업체에서 불성실하게 신고를 해 온 경우 자금출처조사로 인해 누적기간 동안의 과소신고된 세금과 가산세가 한 번에 추징되는 경우도 있으니 사업체를 운영하고 계시다면 보다 더 신중한 계획수립이 필요할 것입니다.

Q. 자녀의 자금출처조사가 부모님의 사업체로 확대될 수 있나요?

A. 부모님은 자금출처조사 대상자가 아니기 때문에 원칙적으로 조사를 하지 않지만, 자녀의 금융자료 등을 조사하는 과정에서 부모님의 금융자료가 추가로 필요하다고 조사팀이 판단하는 경우 예외적으로 요청할 수 있습니다.

또한 부모님의 금융자료를 조회한다고 하더라도 반드시 부모님의 사업체로 세무조사가 확대되는 것은 아닙니다. 다만, 자녀의 재산 취득자금의 출처가 부모님 사업체의 매출누락 등에 의한 것으로 파악되는 경우에는 확대되는 사례도 있으니 유의해야 합니다.

Q. 소명자료의 제출을 고의로 지연하는 것이 도움이 될 수 있나요?

A. 조사팀은 정해진 조사기간 내 해당 세무조사를 종결하는 것을 목표로 하고 있습니다. 불가피하게 소명자료의 제출이 늦어지는 경우에는 조사팀과 충분한 대화를 통하여 양해를 구해야 하며, 만약 고의로 대응을 지연한다면 담당 조사팀에 따라 조사기간을 연장하거나 중지를 할 수 있고 조사 범위가 확대되는 경우도 있습니다.

고의로 지연하는 행위는 세무조사 결과에 악영향을 미칠 수 있으며, 조사팀과 세무대리인(납세자)의 신뢰가 무너지게 되어 세금 조정과 관련한 어떠한 요청도 조사팀에 하기 어려워질 수 있음을 반드시 기억해야 합니다.

[3장]
코인(가상자산)과 세금, 코인도 세금을 내나요?

코인(가상자산)에 대한 세금 문제는 초기 코인을 화폐로 보아야 할지, 증권과 같은 성격의 자산으로 보아야 할지에 대한 구분부터 시작되었습니다. 불과 몇 년 전만 하더라도 국세청 내부에서도 "코인은 도대체 뭘까?"라는 생각이 대부분일 정도였지만 비트코인을 중심으로 한 코인(가상자산) 가격 상승과 시장의 지속적인 성장으로 불법자금 유통, 자금세탁, 편법증여의 수단으로 악용되면서 검찰, 국세청 등 법집행기관에서 제도권화를 위해 노력하고 있습니다.

코인 과세제도는 2020년 세법개정안으로 처음 도입되었습니다. 2020년 12월 29일 개정된 「소득세법」에 따르면 코인의 양도·대여로 인한 소득은 기타소득에 해당하며, 2022년 1월 1일 이후 시행하기로 하였습니다. 하지만 2021년과 2022년 부칙 개정으로 현재까지 시행이 유예되고 있습니다. 여전히 코인은 많은 사람들에게 암호화폐·가상화폐·가상자산 등 다양한 용어로 불리고 있으며, 현재까지 부동산 등의 자산들에 비해 실질적인 과세체계가 미비하여 실무에서 혼란이 있는 것이 사실입니다.

01
세법에서의 코인(가상자산)이란

블록체인의 암호화 기술로 탄생한 화폐 관련 용어로는 '암호화폐(crypto-currency)', '크립토', '가상자산(virtual asset)', '암호자산(cryptoasset)', '디지털자산(digital asset)', '코인(coin)', '토큰(token)', '가상화폐', '비트코인' 등 다양하게 통용되고 있지만, 「특정 금융거래정보의 보고 및 이용 등에 관한 법률」과 각종 세법에서는 가상자산이라는 용어로 정의하였습니다.

소득세법 제21조(기타소득)
27. 「가상자산 이용자 보호 등에 관한 법률」 제2조 제1호에 따른 가상자산(이하 "가상자산"이라 한다)을 양도하거나 대여함으로써 발생하는 소득(이하 "가상자산소득"이라 한다.)

가상자산 이용자 보호 등에 관한 법률 제2조(정의)
1. "가상자산"이란 경제적 가치를 지닌 것으로서 전자적으로 거래 또는 이전될 수 있는 전자적 증표(그에 관한 일체의 권리를 포함한다)를 말한다. 다만, 다음 각 목의 어느 하나에 해당하는 것은 제외한다.
가. 화폐·재화·용역 등으로 교환될 수 없는 전자적 증표 또는 그 증표에 관한 정보로서 발행인이 사용처와 그 용도를 제한한 것
나. 「게임산업진흥에 관한 법률」 제32조 제1항 제7호에 따른 게임물의 이용을 통하여 획득한 유·무형의 결과물

다. 「전자금융거래법」 제2조 제14호에 따른 선불전자지급수단 및 같은 조 제15호에 따른 전자화폐

라. 「주식·사채 등의 전자등록에 관한 법률」 제2조 제4호에 따른 전자등록주식등

마. 「전자어음의 발행 및 유통에 관한 법률」 제2조 제2호에 따른 전자어음

바. 「상법」 제862조에 따른 전자선하증권

사. 「한국은행법」에 따른 한국은행(이하 "한국은행"이라 한다)이 발행하는 전자적 형태의 화폐 및 그와 관련된 서비스

아. 거래의 형태와 특성을 고려하여 대통령령으로 정하는 것

「소득세법」 기타소득 규정에서의 가상자산이란 「가상자산 이용자 보호 등에 관한 법률」 제2조 제1호에 따른 것으로서 경제적 가치를 지닌 것으로서 전자적으로 거래 또는 이전될 수 있는 전자적 증표(그에 관한 일체의 권리를 포함)를 의미하며, 일부 항목은 제외하고 있습니다.

「법인세법」 자산·부채의 평가 규정에서 가상자산은 「특정 금융거래정보의 보고 및 이용 등에 관한 법률」 제2조 제3호에 따른 것으로 하고 있으며, 상증세법의 평가 규정에서는 가상자산이란 「가상자산 이용자 보호 등에 관한 법률」 제2조 제1호에 따른 것으로 정하고 있습니다.

각 세법에서 가상자산에 대한 과세 여부를 비롯하여 가상자산을

정의하는 분명한 규정을 두지 않았으나, 최근 관련 조문을 신설하거나 개정을 통해 수정 및 보완하는 과정을 거치고 있습니다. 다만, 아직 법에서 규정하지 못하는 세무상 이슈들이 존재하므로 향후 개정되는 내용을 계속해서 예의 주시할 필요가 있겠습니다.

가상자산사업자와 관련하여 특금법은 다음의 행위를 하는 자를 가상자산사업자로 정의하고 있습니다.

[가상자산사업자]
1) 가상자산을 매도, 매수하는 행위
2) 가상자산을 다른 가상자산과 교환하는 행위
3) 가상자산을 이전하는 행위 중 대통령령으로 정하는 행위
4) 가상자산을 보관 또는 관리하는 행위
5) 1) 및 2)의 행위를 중개, 알선하거나 대행하는 행위
6) 그 밖에 가상자산과 관련하여 자금세탁행위와 공중협박자금조달행위에 이용될 가능성이 높은 것으로서 대통령령으로 정하는 행위

02 양도 또는 대여

1. 25년 과세시작

현재 금융투자소득세와 가상자산소득세가 2년간 유예되면서 2025년 시행을 앞두고 있습니다. 당초 코인(가상자산) 양도 또는 대여 소득은 2021년부터 과세될 예정이었으나, 과세체계가 부족한 것을 파악하고 유예를 거듭하다 2025년 이후 양도분부터 '기타소득'으로 구분하고 '분리과세' 되는 것으로 개정되었습니다. 코인을 양도 또는 대여하여 발생하는 소득에 대해 적용되는 세율은 20%(지방소득세 포함 22%)로 예정되어 있습니다.

2. 과세대상 금액의 계산

코인 양도 또는 대여에 따른 과세대상 소득은 해당 행위로 얻는 총수입금액에서 필요경비(취득가액과 부대비용을 합한 금액)를 뺀 금액으로 산정합니다. 이에 대해 신고·납부해야 할 세액의 계산은 한 해 발생한 과세대상 소득에서 기본 공제금액 250만 원을 차감한 뒤 20%(지방소득세 포함 22%)를 적용하여 계산합니다.

코인 양도차익을 계산함에 있어 취득가액은 실제 취득한 금액이지만, 2025년 1월 1일 전부터 보유하고 있던 코인은 2024년 12월 31일의 금액과 실제 취득가액 중 큰 금액을 취득가액으로 봅니다.

[코인 과세기준 취득가액]
= Max(2024년 12월 31일 당시 시가, 실제 취득가격)

25년 1월 1일 이후 취득한 코인에 대해서만 실제 취득한 금액을 인정해 주는 것이 아니라 계속 보유하고 있던 코인에 대해서도 24년 12월 31일 현재의 가치를 인정해 주는 것입니다. 따라서 25년 1월 1일 이전의 양도차익은 과세대상에서 제외되는 효과를 가져오게 되어 이전부터 코인을 보유하던 투자자들이 세금폭탄을 피하기 위해 24년 12월 31일에 모두 양도해야 하는 문제점을 해소하였습니다. 또한 24년 12월 31일 현재 평가손실인 투자자가 실제 취득에 들어간 금액을 입증하는 경우 해당 금액을 취득가액으로 인정받을 수 있습니다.

따라서 코인 양도에 따른 세금폭탄을 맞지 않으려면 2025년이 되기 전에 미리 양도해야 한다는 것은 잘못된 정보이며 법 시행 이후 계속 보유하더라도 세금적으로 불리한 것은 없습니다.

[가상자산 소득세 계산 사례]

- 2023년 12월 1일 A코인 취득: 3,000만 원
- 2024년 12월 31일 A코인 시가: 4,000만 원
- 2025년 7월 5일 A코인 양도: 5,000만 원

① 양도가: 5,000만 원
② 취득가: 4,000만 원(실제취득가와 24. 12. 31. 시가 중 큰 금액)
③ 소득금액: 1,000만 원(①-②)
④ 기본공제: 250만 원
⑤ 과세표준: 750만 원(③-④)
⑥ 세액: 165만 원(지방세 포함 세율 22%)

3. 이동평균법과 선입선출법

 같은 종류의 코인(가상자산)을 여러 번 나누어 취득, 양도하는 경우 부동산 등의 자산과 다르게 보유하고 있는 코인 중에서 각 거래마다 거래했던 코인을 특정할 수 없습니다. 따라서 보유하고 있는 코인의 일부를 양도할 때 언제, 얼마에 취득한 코인인지를 계산하기 위한 규정이 필요합니다. 세법에서는 코인의 종류에 따라 이동평균법 또는 선입선출법을 적용하도록 규정하고 있습니다.

> **[계산 사례]**
>
> - 1월 1일 이더리움 100개 1,000원에 취득(개당 취득가액: 10원)
> - 1월 2일 이더리움 100개 2,000원에 취득(개당 취득가액: 20원)
> - 1월 3일 이더리움 100개 3,000원에 양도(개당 양도가액: 30원)
>
> ① 이동평균법 적용 취득가액: 15원(3,000원/200개)
> ② 선입선출법 적용 취득가액: 10원(1월 1일 취득가액)

가상자산 사업자를 통해 거래하면 이동평균법, 그 외엔 선입선출법을 적용하여 취득가액을 산정합니다.

4. 분리과세

코인(가상자산) 양도 또는 대여로 발생하는 소득은 무조건 분리과세 됩니다. 거주자의 근로소득, 사업소득, 기타소득, 임대소득 등 종합소득은 예외적인 항목을 제외하고 모든 소득을 합친 금액에 세율을 적용하여 세금을 부과하지만, 코인으로 발생되는 기타소득은 다른 소득과는 분리하여 과세하는 것으로 규정하고 있습니다.

따라서 연봉 1억 원을 받는 직장인의 경우라도 22%의 세율을 적용하여 분리과세 하므로 코인 양도 또는 대여 소득이 근로소득에 대한 종합소득세에는 영향을 미치지 않습니다.

5. 교환

 소득에서 양도는 매매와 교환을 포함하는 개념으로 코인 원화마켓에서 코인을 매도하는 행위와 마찬가지로, 기축코인(기축가상자산) 거래소(ETH마켓, BTC마켓 등)에서 코인을 기축코인과 교환하는 행위도 과세대상에 포함됩니다.

 코인 간의 교환으로 발생하는 소득은 기축코인 가액에 교환거래의 대상인 코인과 기축코인 간의 교환비율을 적용하여 계산합니다. 이때 기축코인이란 교환거래를 할 때 교환가치의 기준이 되는 코인입니다. (예시: BTC마켓의 비트코인, ETH마켓의 이더리움, USDT 마켓의 테더)

6. 해외 주요 국가의 과세제도

 해외 주요 국가들은 대부분 코인(가상자산)을 화폐가 아닌 자산으로 보아 과세하고 있습니다. 미국, 영국, 호주 등 여러 국가에서 코인의 양도를 자산의 양도로 보고 양도차익에 대해 자본이득세를 적용하고 있습니다. 자산의 양도에 해당하므로 우리나라 부동산 양도소득세와 유사한 방식으로 코인의 보유기간에 따라 세율 또는 과세여부를 달리하는 국가도 있습니다. 일본의 경우 근로소득 등과 합산되어 종합과세 하고 있어 우리나라와 비교하여 높은 세부담을 적용하고 있습니다.

  더불어 미국, 영국 등과 같이 코인과 이외 투자자산의 양도손익 통산을 인정하고, 1년 이상 장기자본이득에 대한 손익통산제도와 이월공제제도를 마련하여 코인을 새로운 자산분야로서 장기투자를 육성하려는 국가들도 있습니다.

03
증여 또는 상속

1. 가상자산 증여세 및 상속세 부과

우리나라 소득세는 열거주의 방식을 취하고 있어 법에 규정하고 있는 항목에 해당되는 경우에만 소득세를 납부할 의무가 생깁니다. 소득세와 다르게 「상속세 및 증여세법」은 포괄주의 방식을 채택하고 있으므로 코인(가상자산)의 증여 또는 상속은 별다른 법 개정 없이 세금이 부과되고 있습니다.

「상속세 및 증여세법」에서는 다음과 같은 모든 자산을 과세대상으로 규정하고 있습니다.

① 금전으로 환산할 수 있는 경제적 가치가 있는 모든 물건
② 재산적 가치가 있는 법률상 또는 사실상의 모든 권리
③ 금전으로 환산할 수 있는 경제적 이익

따라서 「소득세법」과 다르게 비트코인 등 코인이 재화인지 무형자산인지 무관하게 재산적·경제적 가치가 있다면 과세대상이 될 수 있는 것입니다.

> **[대법원 2018. 5. 30. 선고 2018도3619 판결]**
>
> 비트코인은 재산적 가치가 있는 무형의 재산이라고 보아야 하고, 몰수의 대상인 비트코인이 특정되어 있다는 이유로, 피고인이 취득한 비트코인을 몰수할 수 있다.

◎ NFT (Non-Fungible Token)

　NFT가 가상자산인지 여부에 대해서는 견해의 대립이 있으며, 해당 여부에 따라 평가액 산정 방식이 매매사례가액 등의 시가 등으로 적용될 여지가 있습니다. 특금법에서 가상자산에 해당하지 않는 것을 열거하고 있고 NFT는 그 항목에 해당하지 않지만, 명확하게 규정하고 있지 않고 사실관계에 따라 결제나 투자 등의 방식으로 사용될 경우 해당 여부가 달라질 수 있습니다.

　다만, 가상자산 여부와 무관하게 NFT 역시 재산적 가치가 있는 유형·무형의 재산 또는 이익으로서 증여세 과세대상에 해당한다고 볼 수 있습니다.

2. 가상자산 평가방법

　코인(가상자산)이 증여 및 상속세의 과세대상에 해당하는 것과 별개로 그동안 세법에서 코인의 가치를 평가하는 기준이 마련되어 있지 않아 혼란이 있어 왔습니다. 이에 대해 과세당국은 2022년부터 다음과 같이 명확한 기준을 마련하여 과세체계를 정립하였습니다.

① 국세청에서 고시한 국내 4대 거래소인 업비트, 빗썸, 코빗, 코인원에서 거래하는 가상자산의 평가액은 증여일과 상속일 전·후 1개월(총 2개월) 동안에 해당 거래소에서 공시하는 일평균가액의 평균액으로 결정합니다.
② 국세청장 고시 사업자 이외 사업장에서 거래되는 가상자산은 해당 사업장에서 공시하는 거래일의 일평균가액 또는 종료시각에 공시된 시세가액 등 합리적으로 인정되는 가액으로 평가합니다.

21년 12월 31일 이전	22년 1월 1일 이후	
	국세청장 고시 사업자의 사업장에서 거래되는 가상자산	그 외 사업장에서 거래되는 가상자산
평가기준일 현재 시가 (거래일의 최종시세가액, 거래시점 가액 등 합리적으로 인정되는 가액)	평가기준일 전·후 각 1개월 동안의 일평균가액의 평균액	거래일의 일평균가액 또는 최종시세가액 등 합리적으로 인정되는 가액

◎ 여러 개 거래소에서 거래되는 가상자산

국세청장 고시 사업자의 사업장에서 거래되는 가상자산의 일평균가액은 각 가상자산사업자의 사업장 홈페이지 등을 이용하여 조회할 수 있습니다. 다수의 국세청장 고시 사업자의 사업장에서 거래되는 가상자산의 경우 매일 공시하는 각 사업장별 일평균가액을 평균한 다음 평가기준일 전·후 각 1개월 동안의 평균액으로 평가합니다. 이때 일평균가액은 홈택스 '가상자산 일평균가격 조회'에서 쉽고 빠르게 조회할 수 있습니다.

출처: 홈택스 홈페이지

예를 들어, 국세청장 고시 사업자의 사업장인 4개 거래소에서 모두 거래되는 가상자산은 4개 거래소에서 공시한 일평균가액의 평균액을 가상자산 일평균가액으로 보아 평가기준일 전·후 각 1개월 동안의 평균액을 계산하는 것입니다.

다만, 상속세 신고를 위해 피상속인의 재산을 통합하여 조회하는 '안심상속 원스톱 서비스'에 코인(가상자산)은 조회되지 않고 있습니다. 따라서 코인이 상속세를 회피하기 위한 수단으로 악용될 여지가 있으므로 이에 대한 제도의 확립이 필요해 보입니다.

[안심상속 원스톱 서비스]

사망자의 금융거래, 토지, 자동차, 세금 등의 재산 확인을 일일이 방문하지 않고, 한 번의 통합신청으로 문자, 온라인, 우편 등으로 결과를 확인하는 서비스로 전국 시·구청, 읍·면·동 주민센터 또는 정부24(www.gov.kr)에서 신청 가능합니다.

안심상속 원스톱 서비스를 통해 다음의 재산을 조회할 수 있습니다.

- 국세, 지방세(체납, 고지세액)
- 금융거래(은행잔고, 대출, 보험, 증권 등)
- 자동차(이륜차·건설기계 포함)
- 토지·건축물
- 4대 사회보험료
- 연금

04 레퍼럴

레퍼럴이란 마케팅 기법으로 '추천인 제도'를 의미합니다. 유튜버, 인플루언서 등 유명인의 추천인 코드 또는 초대 링크를 통해 새로운 가입자가 거래소를 이용하는 경우 신규 가입자는 일부 혜택을 받게 되며, 기존 이용자인 추천인에게 코인 등을 보상하는 방식입니다.

코인커뮤니티를 중심으로 퍼져 있는 잘못된 정보 중 하나가 레퍼럴 수익에 대한 세금 문제였습니다. 추천인 제도를 통해 코인 유튜버에게 보상으로 코인을 지급하는 것은 코인을 매개체로 한 것일 뿐 코인을 양도하거나 대여함으로써 발생된 소득과는 전혀 다른 것임에도 불구하고 세금이 발생하지 않는 소득으로 알려져 있었습니다.

「소득세법」에서 소득의 구분은 소득이 발생되는 과정 자체의 성격과 형식으로 판단하는 것이므로 해당 소득이 발생되는 사업의 업종이 중요한 것은 아닙니다. 현재 코인과 관련된 소득 중 세금이 부과되지 않는 소득은 앞에서 언급한 양도 또는 대여로 인한 것이며, 그 외 소득은 과세대상이 될 수 있음을 반드시 유의해야 합니다.

다행히 최근 레퍼럴 수익을 신고하지 않았던 유명 유튜버, 인플루언서들이 대거 세무조사를 받아 크게 이슈화되어 레퍼럴 수익이 과세대상임을 인지하는 분들이 늘어났지만, 레퍼럴 수익 외 다른 종류의 소득들도 과세대상일 수 있다는 점을 미처 알지 못하고 성실신고 하지 않는다면 세무조사를 통해 세금과 가산세가 추징될 수 있습니다.

[실제 레퍼럴 수익 자금출처조사 사례]

최근 코인 블로그와 커뮤니티 사이트를 운영하는 개인사업자 A 씨에게 지방국세청에서 자금출처조사를 실시하였습니다. 이를 대응하는 과정에서 A 씨에게 3년간 10억 원의 레퍼럴 수익이 있었음이 파악되었고, 해당 수익 중 신고한 금액은 없었습니다.

레퍼럴 수익 외 다른 소득들에 대한 출처의 입증은 모두 잘 해결했지만, 레퍼럴 수익에 대한 세금은 피할 수 없었으며, 이에 대한 세금과 가산세로 약 7억 원이 추징되었습니다. 소득의 약 70%가 세금으로 추징된 것이며, 만약 성실하게 신고했다면 납부할 세금은 약 3억 원에 불과했습니다.

해당 사례는 안타깝게도 세무조사가 착수된 이후 연락을 주셨기 때문에 사전에 준비할 시간이 부족했으며, 이미 조사팀이 납세자를 통하여 대부분의 조사를 마친 뒤였기 때문에 일반적인 사례보다 많은 세금이 추징되었습니다.

이와 반대로 기존에 레퍼럴 수익에 대한 세금 신고 및 관리를 해 드리고 있던 다른 유명 코인 유튜버, 인플루언서분들에 대해 비슷한 시기에 진행된 자금출처조사의 경우 추징세액 없이 세무조사를 잘 마무리하였습니다. 사전에 과세대상임을 인지하고 미리 대비하는 경우 사실관계에 적합한 최선의 방법으로 충분한 절세효과를 얻을 수 있습니다.

레퍼럴 수익과 같은 양도·대여·증여·상속 이외의 코인과 관련된 소득의 경우 소득의 성격 및 과세체계가 구체적으로 정립되어 있지 않아 실제 소득이 발생되는 원인, 과정, 종류, 방식, 빈도수에 따라 소득을 구분하여 신고·납부해야 하며, 이는 반드시 코인(가상자산)을 전문으로 하는 세무전문가와 함께 검토하시는 것을 추천드립니다.

05
DeFi, 스테이킹

　탈중앙화금융인 DeFi는 코인(가상자산) 대여행위의 주요한 부분을 차지하고 있습니다. 코인의 대여행위로 발생한 소득은 「소득세법」에서 열거되어 있는 이자소득과 유사한 소득으로서 금전 사용에 따른 대가의 성격이 있는 것과는 다른 성격의 소득으로 볼 수 있습니다.

　하지만, 현행 규정에 따르면 코인 대여행위를 유형별로 구분하여 규정하고 있거나 구체적 사례를 제시하고 있지 않습니다. 예를 들어 지분증명(PoS) 스테이킹은 기존의 증권 또는 채권의 대여 방식과는 확연히 다른 것으로 구분될 수 있지만, 코인의 다양한 대여방식에 대한 성격을 일일이 구분하기란 쉽지 않습니다.

　현재 코인 대여소득에 대한 과세체계는 양도로 인한 소득에 비해 부족하게 느껴집니다. 코인의 대여소득의 규모는 양도로 인한 소득에 비해 작으며, 그에 따른 세원 역시 적을 수밖에 없습니다. 또한 DeFi거래가 매매거래 방식보다 더 복잡하고 불투명한 것이 그 이유일 수 있겠습니다.

　코인 대여행위가 분산원장 데이터베이스에서 코인을 교환하는 방식으로 이루어지지만 구체적인 대여의 방식과 대여의 대가로 받은 보상의 종류에 따라 과세대상은 달라질 수 있으며, DeFi 수수료의 필요경비 인정 여부 역시 검토의 대상이 되어야 합니다.

06
PoW, PoS

작업증명(PoW) 방식의 채굴은 새로운 블록을 생성하여 새로운 코인과 거래수수료의 일부를 대가로 얻게 됩니다. 하지만 해당 소득에 대한 명확한 규정은 마련되어 있지 않으며 「법인세법」과 「소득세법」의 과세원칙이 다름에 따라 채굴의 주체에 따라 과세여부 및 소득의 종류도 달라지게 됩니다.

「소득세법」에 따른 과세의 경우 열거된 소득 중 해당 여부를 판단해야 하며, 이때 채굴 작업의 사업성, 지속성과 같은 사실관계를 중점적으로 살펴보아야 할 것입니다. 또한 최초 소득 구분이 채굴한 코인을 향후 양도하는 경우 적용되는 취득가액과도 연관되어 있어 양도차익에 대한 세금이 크게 달라질 수 있음을 유의해야 합니다.

최근 작업증명 방식이 대규모 전력사용 등을 이유로 비판받고 있으며, 이에 따른 환경문제로 지분증명(PoS)방식이 대두되고 있지만 지분증명방식의 과세체계는 작업증명보다 더 미비한 상황으로 볼 수 있습니다.

07 에어드롭

 코인시장에서 에어드롭이란 특정 코인(가상자산)을 보유하는 등 일정한 기준을 충족하는 사용자들에게 투자 비율에 따라 코인을 무료로 지급하는 행위를 의미합니다. 일반적으로 마케팅의 일환으로 활용되고 있으며, 인지도를 높이고 시장가격을 상승시키기 위한 것으로 기존 보유자들에게 일정 비율에 따라 배분하는 것입니다.

 에어드롭으로 얻게 되는 코인은 무상으로 재산을 취득한 것으로 보아 상증세법 포괄주의 방식에 따라 과세대상에 해당할 수 있습니다. 하지만 에어드롭 역시 분배 과정에서 일정한 활동을 전제조건으로 하는 경우 등 전후 사실관계에 따라 소득의 구분은 충분히 달라질 수 있습니다.

 에어드롭으로 취득한 코인의 과세구분 외에도 취득시기 판정과 코인 종류에 따른 평가액(소득) 산정기준에 대한 검토도 필요할 것입니다. 아직까지는 관련 내용에 대한 구체적인 규정 및 유권해석이 부족해 불확실성이 높은 상황이지만, 계속 언급하는 것처럼 불확실한 상황에서 신고를 미루거나 누락한다면 과세체계가 정립된 이후에는 더 많은 세금이 부과될 수 있음을 간과해서는 안 될 것입니다.

[코인과 관련된 소득의 절세방안]

코인과 관련된 소득의 종류는 앞에서 설명한 양도 또는 대여, 증여·상속, 레퍼럴, DeFi, 증명, 에어드롭 외에도 하드포크, 알선·투자자문, 직접투자 등 다양합니다. 지금도 곳곳에서 새로운 투자방식이 생겨나고 있지만 관련 세법 규정은 마련되어 있지 못한 상황입니다.

하지만 '소득이 있는 곳에 세금이 있다'는 세법의 기본원칙처럼 일부 비과세 소득을 제외한 모든 소득에는 세금이 부과되기 마련입니다. 최근 레퍼럴 수익이 이슈화되어 많은 유튜버, 인플루언서들이 세무조사의 대상이 된 것과 같이 현재는 수면 아래 있지만 언젠가는 소득에 대응되는 세금과 무거운 가산세가 함께 추징될 수 있습니다.

코인은 거래방식과 투자방식이 너무나 다양하며, 탈중앙화 암호화폐의 특성상 규격화된 자료가 존재하지 않고 거래행태를 입증하기 위해 참고할 수 있는 자료 역시 부족합니다. 하지만 이러한 성격은 반대로 납세자에게 불리하게 적용될 수도 있습니다. 이유는 앞서 말한 '증여추정' 규정 때문입니다. 증여추정이 적용되는 경우 소득에 대한 입증책임은 국세청이 아닌 납세자에게 돌아가며, 입증을 못하게 된다면 세금이 부과될 수밖에 없습니다.

따라서 코인과 관련된 소득에 대해 모든 상황에 적용될 수 있는 절세방안은 존재할 수 없지만 각자의 투자방식, 코인 이체내역, 코인 보유현황, 재산 취득액 등 사실관계에 맞는 최선의 방법은 반드시 존재합니다. 코인을 수단으로 소득이 발생되는 모든 분들에게 드리는 최고의 절세방안은 하루라도 빨리 해당 분야 전문가와 충분한 검토와 계획을 수립하여 최선의 방법을 찾으시는 것입니다.

> 최근 부산지방국세청에서 실시한 수백억 원의 코인소득을 얻은 20대 코인 투자자 A 씨에 대한 세무조사를 대응한 적이 있습니다. 만약 A 씨가 몇 년 전 자료를 미리 준비해 대비하지 않았더라면 세무조사가 어떻게 끝났을까 생각해 보면 아찔한 기억으로 남아 있습니다.
>
> 본서의 내용이 독자분들에게 깊은 울림으로 다가갔으면 좋겠습니다.

최근 일부 거래소에서 이벤트 성격으로 이용자들에게 수수료 중 일부를 페이백한 사실에 대한 과세문제가 대두되고 있으며, 해당 내용과 관련하여 거래소를 대상으로 세무조사가 실시되고 있습니다. 이와 같이 위에서 설명한 소득 이외의 다양한 소득들이 점차 국세청의 타겟이 될 수 있습니다.

[4장]
코인(가상자산)과 자금출처조사

01
실제로 코인 관련 자금출처조사는 어떻게 진행되고 있을까?

자금출처조사 대상자의 자금출처가 코인과 관련된 소득(양도·대여·증여·상속·레퍼럴 등 관련 소득 일체)인 경우 해당 자금출처조사는 기존의 모든 자금출처조사와는 궤를 달리합니다. 같은 자금출처조사이지만 완전히 다른 분야의 용역을 수행하게 됩니다. 그 이유는 자금출처조사의 가장 중요한 부분이 정당한 소득임을 입증하는 것이기 때문입니다. 따라서 코인(가상자산)에 대한 세법 외에도 특금법을 비롯한 관련법, 블록체인기술의 전반적인 이해와 다양하고 복잡한 코인 매매방식들을 모두 파악하고 있어야 하기 때문입니다.

앞서 설명드린 것처럼 현재 대부분의 코인 관련 과세체계가 정립되지 못한 상황이므로 실제 지방국세청 및 일선세무서에서 시행하는 코인 관련 자금출처조사를 대응했을 때 명확한 결론을 내리지 못하는 쟁점들이 사례마다 반드시 존재하고 있습니다. 당연하게도 해당 쟁점들에 대해 조사팀과 세무대리인의 의견이 대립되고 있으며, 그 과정에서 조사팀을 이해시키고 원활한 세무조사 결과를 도출하기 위해선 코인 관련 자금출처조사에 대한 많은 경험이 필요합니다.

02 코인 투자자(소득자)에게 자금출처조사가 많이 나오는 이유

코인 관련 소득을 얻는 분들이 자금출처조사 대상자로 선정될 가능성이 높은 이유는 앞서 설명한 것과 같습니다. 결국 부동산 취득가액, 금융기관 예금액 등 재산증가액과 국세청에 신고된 소득을 비교하여 차액이 발생하는 경우 조사가 시작되는 것인데, 이때 자진하여 성실하게 세금을 신고·납부한 일부 납세자분들을 제외한 대부분의 코인 관련 소득자분들은 국세청에 신고된 소득이 없기 때문에 대상자로 선정되는 것입니다.

또한 기존의 근로소득, 사업소득 등으로 부동산을 취득해 왔던 세대와 비교하여 연령층이 낮고 신고된 소득이 전무한 경우가 많기 때문에 비교적 작은 규모라도 자금출처조사 대상자로 선정될 가능성이 높습니다.

특금법에서는 가상자산사업자가 가상자산거래를 하면서 상대방이 자금세탁행위나 불법자금조달행위를 하고 있다고 의심되는 합당한 근거가 있거나 거래를 통해 수수한 재산이 불법재산이라고 의심되는 합당한 근거가 있는 경우에 그 사실을 금융정보분석원(FIU)장에게 보고하도록 규정하고 있습니다. [2장] 자금출처조사가 실시될 수 있는 이유 중 하나로 현금 입·출금을 하는 경우로서 금융정보분석원(FIU)에 보고되는 사례를 설명드린 것처럼 특금법에서는 코인을 매매·교환·알선·중개·대행하면서 의심되는 경우 금융정보분석원에 보고하도록 제도를 마련해 놓은 것입니다. 따라서 코인거래의 경우에도 현금 입·출금 거래와 같이 세무조사 및 체납징수 업무를 위한 자료로 충분히 활용할 수 있습니다.

> **특정 금융거래정보의 보고 및 이용 등에 관한 법률 제4조(불법재산 등으로 의심되는 거래의 보고 등)**
>
> ① 금융회사등은 다음 각 호의 어느 하나에 해당하는 경우에는 대통령령으로 정하는 바에 따라 지체 없이 그 사실을 금융정보분석원장에게 보고하여야 한다.
>
> 1. 금융거래등과 관련하여 수수(授受)한 재산이 불법재산이라고 의심되는 합당한 근거가 있는 경우
>
> 2. 금융거래등의 상대방이 「금융실명거래 및 비밀보장에 관한 법률」 제3조 제3항을 위반하여 불법적인 금융거래등을 하는 등 자금세탁행위나 공중협박자금조달행위를 하고 있다고 의심되는 합당한 근거가 있는 경우
>
> 3. 「범죄수익은닉의 규제 및 처벌 등에 관한 법률」 제5조 제1항 및 「공중 등 협박목적 및 대량살상무기확산을 위한 자금조달행위의 금지에 관한 법률」 제5조 제2항에 따라 금융회사등의 종사자가 관할 수사기관에 신고한 경우

03
소득입증 과정
(실제 대응했던 자금출처조사 사례를 중심으로)

1. 중앙거래소를 통한 단순 매매방식

　자금출처조사 중 가장 기본이 되는 사례는 본인의 종합소득(근로소득, 사업소득 등)을 투자자금으로 하여 중앙거래소(업비트, 빗썸 등)에서 코인을 사고파는 단순한 매매를 통해 양도차익이 발생한 경우입니다. 이 경우 거래소에 요청하여 매매내역 등 관련 자료를 받을 수 있고 해당 내역과 금융자료를 통한 자금흐름을 입증한다면 쉽게 세무조사를 마무리할 수 있으며, 세무대리인의 도움 없이 직접 소명하는 것도 문제없습니다.

　만약 부동산 취득계획을 가지고 있으면서 해당 사례와 사실관계가 유사한 경우라면 미리 거래소에 요청하여 관련 자료를 준비해 놓는 것이 좋습니다. 이용하던 거래소가 언제 폐업할지 모르고 받을 수 있는 자료의 내용도 시기별로 달라질 수 있기 때문입니다.

　하지만 이와 같은 사례에서 일부 사실관계만 조금 바뀌어도 세무조사의 난이도가 크게 달라질 수 있습니다. 예를 들어 거래했던 거래소가 현재는 폐업하여 자료를 받을 수 없는 경우가 있으며, 공동의 자금으로 매매를 하거나 가족 명의의 거래소 계좌를 사용한 경우와 같은 사실이 있다면 보다 어려운 자금출처조사가 될 수 있습니다.

[실제 자금출처조사 사례1]

1. 코인매매를 주로 하는 법인의 소속직원 A 씨는 개인 거래소 계좌를 빌려 달라는 회사의 요구를 거절하지 못하고 대여해 주었습니다. 법인 명의의 거래소 계좌를 만드는 것에는 많은 제약이 따르기 때문에 회사는 이러한 요구를 했던 것이며, A 씨의 개인투자도 동일한 계좌로 이루어졌습니다. 이후 A 씨는 수십억대의 코인 매매수익으로 부동산을 취득하였고 자금출처조사를 받게 되었습니다. 하지만 자금출처조사 과정에서 A 씨 계좌로 거래된 누적 매매자금이 수천억에 달하는 사실이 드러났으며, 이로 인해 A 씨 개인의 투자소득을 구분하여 입증하는 것이 매우 어려워졌고, A 씨는 국세청 외 법집행기관의 조사까지 받게 되었습니다.

2. 유명 대학을 졸업한 B 씨는 대학동기들과 함께 코인 매매수익을 계산해 주는 프로그램을 만들었으며, 이를 활용하여 많은 투자소득을 얻게 되었습니다. 이후 B 씨는 고가의 부동산과 차량을 취득하였고, 이로 인해 자금출처조사가 실시되었습니다. B 씨는 프로그램을 활용한 소득을 얻기 위해서 최소한의 투자자금이 모여야 했기 때문에 대학동기들과 자금을 모아 한 명의 계좌로 투자를 했었습니다. 하지만 별도의 투자약정서를 작성하지 않았었고, 투자비율과 투자소득의 기여분이 달라 B 씨의 투자소득 입증이 매우 어려운 사례였습니다.

3. 2017년 코인이 본격적으로 유행하기 전부터 코인매매를 했었던 C 씨는 초기 시장에서 얻을 수 있는 이득을 활용하는 방법으로 많은 투자소득을 얻게 되었습니다. 하지만 몇 년 뒤 자금출처조사를 받았을 때 기존에 이용했던 거래소는 폐업하여 매매내역과 관련된 자료를 전혀 받을 수 없는 상황이었습니다. 다행히 직접적인 매매거래 내역이 아닌 전·후 사실관계를 보아 매매사실을 입증할 수 있는 자료를 만들어 제출함으로써 세무조사를 잘 마무리할 수 있었습니다.

위와 같이 단순 매매를 통한 소득이라도 하나의 요인으로 인해 어렵고 복잡한 조사가 될 수 있습니다. 미리 상황에 맞는 자료를 수집하고 대비한다면 실제 세무조사에서도 좋은 결과를 낼 수 있습니다.

2. 프리미엄 거래 등 기타 매매방식

실제로 시장에서 사용되는 코인 매매방식은 너무나도 다양하며 계속 발전하고 있습니다. 가장 큰 이유는 거래소마다 같은 종류의 코인이라도 가격이 다르기 때문이며, 이외에도 해외거래소 매매방식과 국내거래소 매매방식이 다른 점, 중앙거래소를 통하지 않는 다양한 방식의 거래가 가능한 점, 리스크 헷지(hedge)를 위한 포지션거래와 역프리미엄을 활용한 거래와 같이 부가적인 매매전략이 더해질 수 있는 점 등 여러 요인이 존재합니다.

본서에서 매매전략이나 거래방식자체를 자세히 설명할 순 없지만, 실제로 코인을 전략적으로 매매하고 있는 투자자분들은 알고 계실 것이며, 만약 소득의 출처가 이와 같은 거래 등에 해당한다면 전문 세무대리인의 도움을 받으시는 것을 추천드립니다. 코인거래의 특성상 전체 매매거래 횟수가 수만, 수십만 건에 달할 수 있으며, 같은 종류의 코인을 여러 번 매매하는 경우 부동산과 다르게 거래시점별로 각각의 코인을 특정할 수 없으므로 양도차익 산정이 매우 어렵기 때문입니다. 또한 실질적으로 한 개의 목적으로 거래한 것이지만 해당 거래의 양도차익을 입증하기 위해서는 여러 거래소를 관통한 전체적인 자금흐름(flow)을 파악해야 하기 때문에 조사공무원을 이해시키기 위해서는 많은 시간과 매매소득 산정의 노하우가 필요합니다.

[실제 자금출처조사 사례2]

코인 전문 트레이더인 D 씨는 국내 5개 거래소를 포함한 미국, 중국 3개국의 거래소를 통해 시세차익 거래를 해 왔습니다. 매매를 하면서 나름대로 새로운 매매방식을 연구하여 많은 투자수익을 실현시킬 수 있었습니다. 이후 자금출처조사를 받게 되었고, 나름대로 코인거래에 자신 있었던 D 씨는 세무대리인 없이 직접 세무조사를 대응하였습니다. 하지만 조사기간 도중 어려움을 느껴 업무 대리를 의뢰하였고, D 씨의 자금출처조사 대응 용역을 수임하게 되었습니다.

해당 자금출처조사는 매매거래 방식이 복잡하여 소득 입증의 난이도가 매우 높아 실제로 조사팀과 5회 이상의 대면회의를 가지기도 했습니다. 실제로 국세청이 현재 국내에서 실시한 코인과 관련된 자금출처조사의 누적 건수는 많지 않으며, 세무조사를 실시하는 지방국세청 및 일선세무서의 조사팀 역시 코인과 관련된 자금출처조사를 경험해 보지 못한 경우가 많습니다. 따라서 온전히 세무대리인의 경험에 기대어 세무조사를 진행하는 경우도 적지 않습니다.

거래내용이 복잡한 사례는 최초 세무조사 기간 내에 입증자료를 만드는 것이 시간적으로 부족할 수 있으며, 그 경우 세무조사 중지 등 조사 과정이 더욱 복잡해지고 난항을 겪을 수 있으므로 세무조사 사전통지서를 받고 조사가 개시되기 전 미리 세무대리인을 선임하여 대비하는 것이 최선의 세무조사 결과를 만들 수 있습니다.

3. 매매거래 외 코인소득

매매거래 외 코인소득에는 여러 가지가 있을 수 있습니다. DeFi, 에어드롭, 레퍼럴, ICO 등을 비롯하여 사실관계에 따라 용역을 제공하고 대가성으로 코인을 수취하는 경우 등 계약내용 및 전·후 사실관계에 따라 소득의 성격이 달라질 수 있습니다.

코인(가상자산)의 핵심은 탈중앙화입니다. 블록체인기술은 거래정보가 담긴 원장을 은행 같은 중앙 기관에서 관리하는 것이 아닌 네트워크에 참여하는 모든 사용자가 함께 나누어 가지는 기술로, 기존의 금융재산들과 다르게 거래 정보를 블록에 담아 차례대로 연결하고 모든 참여자가 공유하여 보안성까지 확보할 수 있습니다. 분산된 작업증명방식으로 정부나 중앙은행에 의존 없이 기술적으로 운영될 수 있기 때문에 코인이 탄생하기 이전 부동산 및 금융재산들과는 다른 탈중앙화 성격을 가질 수 있었으며, 이로 인해 국세청은 모든 코인거래내역을 파악하는 것에 어려움을 겪고 있습니다.

따라서 레퍼럴, DeFi 등의 소득이 최초로 발생하는 시점에는 국세청이라도 쉽게 모든 거래내용을 파악할 수 없으며, 이를 악용하거나 또는 과세대상 소득에 해당하는 것을 미처 알지 못하여 소득 발생시점에 성실하게 신고·납부를 하지 않는 경우가 빈번하게 발생하고 있습니다.

다만, 소득 발생시점에 파악하지 못하는 것은 국세청 입장에서 큰 문제가 되진 않을 것입니다. 왜냐하면 결국 소득의 종류만 다를 뿐 자금출처조사가 나오는 이유와 과정은 동일하기 때문입니다. 소득자는 해당 미신고된 소득을 출처로 부동산 등의 재산을 취득할 것이고, 이로 인해 취득 단계에서 자금출처조사 대상자로 선정되기 때문입니다. 탈루한 소득을 사용하는 방식마저 고도화된다면 세수 일실로 이어질 수 있겠으나, 일반적인 경우는 영향을 미치진 않을 것입니다.

[실제 자금출처조사 사례3]

유명 코인 유튜버인 E 씨는 필자가 관리해 왔던 코인 유튜버 및 인플루언서가 모여 있는 법인 소속이었습니다. 레퍼럴 소득 등 매년 큰 규모의 소득이 발생하고 있었으며 법에 따라 신고·납부해야 하는 세금의 규모 역시 컸습니다.

이에 E 씨는 소득에 대한 신고를 하지 않는 것을 고민했지만, E 씨의 소득규모와 소득이 발생되는 내역, 코인과 자금의 거래과정 등 사실관계를 종합적으로 고려했을 때 적법하게 신고하는 것이 향후 세무조사의 가능성과 세무조사로 받게 되는 불이익을 대비하는 것이라 판단했습니다. 다만, 신고는 하되 주어진 상황에서 최선의 절세효과를 얻을 수 있는 방법으로 매년 소득을 신고했습니다.

결국 몇 년 뒤 국세청에서 실시한 유튜버·인플루언서·플랫폼 사업자 등을 대상으로 한 기획조사에서 추징세액 없이 잘 대응할 수 있었습니다.

소득에 따른 세금을 신고·납부하는 것이 당장은 아까울 수 있지만, 신고하지 않은 자금은 쉽게 사용할 수 없으며 결국 세무조사를 통해

가산세를 포함한 세금이 추징됩니다. 따라서 적법하게 신고는 하되, 중요한 것은 소득의 귀속시기, 소득금액의 산정방법, 소득에 대응하는 경비, 소득분배 등을 고려하여 적법한 범위 내에서 신고세액을 최소화하는 방법을 찾아내는 것입니다.

4. 코인 관련 자금출처조사 자주 묻는 질문(Q&A)

Q. 정당하게 코인으로 소득을 얻었는데 왜 세무조사를 받는 건가요?

A. 자금출처조사의 큰 틀은 동일합니다. 소득으로 취득한 부동산 등의 재산금액, 카드사용액 등 소비액의 합계보다 국세청에서 신고된 소득이 적기 때문입니다.

코인과 관련하여 발생하는 소득은 대부분 국세청에서 파악하지 못하기 때문에 세무조사가 나올 수 있는 것입니다. 정당한 소득이라면 세무조사를 받는 과정에서 소득에 대한 입증을 하면 문제없이 끝날 수 있습니다.

Q. 코인으로 얻은 소득은 모두 세금이 없지 않나요?

A. 많은 분들이 오해하시는 부분입니다. 25년 전까지 세금이 부과되지 않는 소득은 코인(가상자산)을 '양도 또는 대여'하는 행위로 얻는 소득입니다. 레퍼럴, 투자자문, 중개거래, 에어드롭, 작업증명·지분증명 등 이외 소득은 사실관계에 따라 과세대상 소득이 될 수 있습니다.

정상적인 코인 매매거래를 통해 얻은 소득은 세금이 과세되지 않으며, 소득을 입증할 수 있는 자료를 미리 준비해 놓아야 합니다. 다만, 과세대상 소득에 해당한다면 소득이 발생하는 시점에 맞춰 신고·납부해야 합니다.

Q. 세무조사를 받으면 무조건 세금이 추징되나요?
가산세는 얼마나 나오나요?

A. 세금 추징 여부는 2가지로 구분됩니다. 첫 번째로, 과세대상 소득 여부입니다. 세금이 부과되지 않는 소득인 경우 정상적으로 소득을 얻은 과정을 입증하기만 한다면 세금이 추징되지 않습니다. 하지만 과세대상소득이라면 세무조사 과정에서 해당 소득에 대응되는 세금을 적법하게 신고·납부했는지를 조사하고, 과소신고한 부분에 대해 세금과 가산세가 부과됩니다. 가산세는 신고를 불성실한 것에 대한 가산세(10% 또는 20%)와 납부를 늦게 한 것에 대한 가산세(매일 2.5/10000)가 있으며, 원래 내야 할 세금에 더해져 추징됩니다.

두 번째로, 소득입증 여부입니다. 세금이 부과되지 않는 소득이라고 하더라도 소득을 입증하지 못한다면 증여추정에 따라 세금이 부과될 수 있습니다. 만약 정당한 소득의 발생과정을 입증하지 못하는 자금을 국세청이 인정해 준다면 이를 악용하는 납세자에게 세금을 부과하지 못하게 되어 공평과세를 저해하는 결과를 가져오기 때문입니다.

Q. 정상적인 코인매매로 얻는 소득인데 어떻게 입증해야 하나요?

A. 첫 번째로, 최초 코인 투자자금을 입증해야 합니다. 금융자료 등을 통하여 최초 코인 투자자금을 얻게 된 자금의 흐름을 입증할 수 있습니다.

두 번째로, 코인 매매소득을 입증해야 합니다. 금융자료와 코인 매매내역을 통해 코인을 최초에 취득한 취득금액과 양도한 금액을 파악하여 매매소득을 입증해야 합니다. 다만, 코인 매매의 특성상 거래횟수가 굉장히 많고, 여러 거래소를 이용하며, 거래방식이 다양하기 때문에 사례에 따라서 입증이 쉽지 않을 수 있습니다.

Q. 10억이 안 되거나 소액인 부동산을 취득해도 세무조사가 나올 수 있나요?

A. 자금출처조사 대상자 선정에 있어 재산취득액은 중요한 기준 중 하나입니다. 하지만 법에서 구체적으로 정하는 금액은 없으며, 재산취득액뿐만 아니라 취득자의 나이, 소득수준, 재산보유현황 등을 함께 고려하여 선정합니다.

실제로 대응한 사례들을 살펴보면 10억 원 이하의 부동산을 취득한 경우에도 자금출처조사가 많이 실시되고 있으며, 부동산을 취득하지 않은 경우에도 자금출처조사 대상자로 선정되는 사례가 있습니다.

따라서 현재 상황을 객관적으로 먼저 파악한 뒤 세무조사 가능성과 추징세액 규모를 고려하여 부동산 등 재산 취득계획을 수립하는 것이 중요할 것입니다.

[5장]
그렇다면 자금출처조사는 어떻게 대응해야 하는가

01 최근 세무조사 트렌드

최근 국세청은 심각한 세수 결손이 우려되고 있어 세무 확보에 열을 올릴 수밖에 없는 상황입니다. 급격히 변화하는 사회·경제적 환경에 따라 국세청 세무조사 역시 기존의 세무조사 대상 및 방법은 기본으로 두면서 새로운 대상자와 조사 방법을 추가하여 실시하고 있습니다.

지난 정부는 고소득자에 대한 세율을 높이면서 다주택자 등 부동산 자산가를 중심으로 세무조사를 진행하였고, 이번 정부는 적극적으로 탈세행위를 한 고소득자와 부당하게 소득을 얻은 자를 위주로 세무조사를 진행하고 있습니다.

예를 들면 해외 수입에 대한 신고를 누락한 유튜버, 광고 수입을 현금으로 수취한 인플루언서, 자금세탁을 도와주며 소득을 얻은 코인 업자 등이 주요 대상에 해당할 수 있습니다.

1. 고소득자·유튜버·bj·플랫폼 사업자·코인업자에 대한 조사 증가

경기 불황에 경제적으로 어려움을 겪고 있는 개인·법인 사업체에 대한 조사는 줄이고, 고소득 유튜버·bj·플랫폼 사업자·코인업자에 대한 세무조사를 집중하고 있으며, 의사·한의사·변호사·회계사 등 고소득 전문직은 꾸준히 대상에 포함되고 있습니다.

2. 양도·증여·상속을 비롯한 부동산 세금과 자금출처조사

최근 몇 년간 부동산 가격이 폭등하면서 양도·증여·상속과 같은 부동산세법 역시 정말 많은 변화를 겪어 왔습니다. 양도소득세를 포기한 세무사라는 용어가 생겼을 정도로 복잡해진 부동산세법으로 인해 잘못 신고하는 사례가 속출하였습니다.

OECD 국가 중 최고 수준의 세율이 적용되는 상속세의 경우 최근 고령화 및 저출산 사회로 변화하는 것과 동시에 10억 원(5억 원)의 상속공제금액은 수십 년간 그대로 머물며 치솟는 부동산 가격을 따라가지 못하고 있어 큰 화두가 되었습니다. 이에 따라 상속세 절세를 위한 사전증여 역시 많이 일어나고 있으며, 자녀 세대의 내 집 마련을 위한 증여행위도 크게 늘어나고 있습니다.

이에 따라 국세청은 잘못된 부동산 세금 신고를 수정하고, 세금 없는 부의 대물림을 방지하기 위해 양도·증여·상속에 대한 세무조사와 자금출처조사를 실시하고 있습니다.

3. 돈을 버는 것보다 쓰는 것이 중요

이제 세무조사 및 자금출처조사는 소득보다 지출이 더 중요하게 되었습니다. 국세청이 자금출처조사를 위해 지출액을 중점적으로 활용하기 시작하면서 PCI시스템이 도입되기 전에는 세무조사를 피할 수 있었던 탈세행위들이 최근에는 세무조사 대상으로 선정되고 있습니다.

앞서 설명한 것과 같이 현금매출 등의 소득은 신고누락 하더라도 국세청이 파악하기 어렵지만 국세청이 PCI시스템을 활용하여 소비에 집중하면서 결과적으로 지출 단계에서 탈세행위가 포착되고 있습니다. 따라서 앞으로는 소득뿐만 아니라 적법한 소비계획을 미리 수립하는 것이 중요하겠습니다.

02
미리 자금출처조사를 대비할 수는 없을까?

 일반적으로 투자자들의 최종 종착지는 결국 부동산 투자입니다. 부동산은 반드시 오르게 되어 있다는 생각과 함께 각종 소득과 투자자금이 부동산으로 귀결되고 있습니다. 부동산 취득에 따른 자금출처조사를 대비하기 위한 효과적인 방법 중 모든 사례에 공통적으로 적용될 수 있는 것은 부동산 거래를 하기 전 단계에서 미리 자금출처 준비를 하는 것입니다.

 부동산을 취득하기 전 실제 국세청이 자금출처조사를 진행하는 내용과 동일한 내용과 방식으로 모의세무조사를 실시해 볼 수 있습니다. 모의세무조사를 통해 자금출처조사가 시행된다면 추징될 수 있는 세금의 규모를 파악할 수 있으므로 어느 정도 규모의 부동산을 취득하는 것이 좋을지, 어느 시기에 부동산을 취득하는 것이 안전할 수 있을지, 향후 자금의 출처는 어떤 방법으로 마련하는 것이 효과적일지 등 구체적인 계획을 수립할 수 있습니다.

 모의세무조사를 통하여 세무진단을 하는 경우 부동산 취득 예정자의 최근 수년간의 금융자료와 카드 및 현금소비내역, 소득의 종류 및 소득흐름, 세금 납부내역, 가족 또는 제3자 간 자금거래내역, 부동산 거래내역 등 실제 세무조사에 필요한 모든 자료와 정보를 수취하여 조사를 진행하므로 정확한 계획을 수립할 수 있습니다.

흔히 세무상식으로 알고 있는 내용과 실제 세무조사 내용은 다른 경우가 많습니다. 예를 들면 자녀가 부동산을 취득하기 위해 부모님으로부터 자금을 빌리면서 차용증은 작성하지만 차용액이 약 2억 원에 미달하여 무이자로 수십 년간 빌리는 경우입니다. 간략하게 정리하면 부모·자식 간 차용거래는 원칙적으로 인정되지 않습니다. 사실관계를 종합하여 판단했을 때 정상적인 차용거래로 보이는 경우 예외적으로 차용을 인정하는 것으로 오랜 기간 무이자 조건으로 자금을 빌려 부동산 취득에 사용한 경우 차용이 아닌 증여로 보아 증여세와 미신고 가산세가 추징될 위험성이 높습니다.

국세청은 부동산 취득자가 부모님으로부터 자금을 차용했다는 사실을 알 수 없으므로 자금출처조사 대상자로 선정할 수밖에 없고, 자금출처조사를 통해 차용거래가 부인된다면 계획했던 것과 다르게 세금이 부과되는 결론에 이를 수 있습니다. 따라서 부동산을 취득하기 전 미리 자금출처계획이 적절하게 수립된 것인지 세무전문가에게 자문을 구하시는 것을 추천드립니다.

[실제 세무진단 사례]

1. A 씨는 투명하지 못한 직업을 가지고 있어 일을 하며 받는 소득에 대해서도 신고할 적절한 방법을 찾지 못하고 있었습니다. 소득을 모아 부동산을 취득할 계획이었던 A 씨는 자금출처조사를 대비하기 위해 연락을 주셨습니다. 투명하지 못한 소득으로 부동산을 취득하려고 했던 납세자 A 씨에게 모의세무조사를 미리 시행하는 세무진단을 진행하였고, 적법한 자금출처로 인정받으면서 최소한의 세금을 신고·납부할 수 있는 방안을 고안하여 세금처리를 함으로써 자금출처조사의 위험성에서 벗어날 수 있었습니다.

2. B 씨는 코인 투자자로 5년 전에 거래를 통해 수십억 원의 투자수익이 발생했지만, 현재는 해당 거래소가 폐업한 상황으로 매매로 인한 소득을 입증할 수 없게 되었습니다. 우연히 코인커뮤니티에서 자금출처조사가 나올 수 있다는 사실과, 소득을 입증하지 못한다면 세금이 추징될 수 있다는 사실을 알게 되어 연락을 주셨습니다.

폐업한 거래소의 경우 자료를 수취하는 것이 불가능해 정상적인 소득 입증이 굉장히 어렵습니다. 거래소 자료와 같은 직접적인 자료는 아니지만, 다행히 B 씨의 거래방식에 맞게 매매내용을 추정할 수 있는 간접적인 자료를 수집할 수 있었고, 해당 자료를 활용하여 작성한 입증서류를 부동산 취득 단계에서 함께 제출하여 자금출처조사의 위험성에서 벗어날 수 있었습니다. B 씨의 경우 취득 단계에서 미리 준비하지 않고 자금출처조사까지 시간이 흘렀다면 자금출처조사 시점에는 간접적인 자료마저 수집할 수 없는 상황에 놓이게 됩니다. 따라서 세무진단을 하지 않더라도 관련 자료는 반드시 미리 준비해 놓는 습관을 가져야 합니다.

03 자금출처조사 대응방법

본서에서 여러 번 언급했듯이 자금출처조사 대응 핵심내용은 사례마다 달라질 수밖에 없습니다. 취득한 재산의 종류, 재산취득자의 연령 및 직업, 취득자금의 원천이 되는 소득의 종류, 매출누락 및 가공경비 계상 등 사업내용, 사인 간 차용여부, 가족 간 이체횟수 및 금액 등에 따라 쟁점과 대응전략이 크게 달라지기 때문입니다.

따라서 핵심 내용은 반드시 충분한 사실관계 파악과 검토가 필요하며, 아래의 공통적으로 적용될 수 있는 대응방법을 활용한다면 좋은 결과를 낼 수 있을 것입니다.

1. 금융거래를 조심해야 합니다

〈1〉 가족 간 이체내역

자금출처조사를 착수하면 기본적으로 조사대상기간의 모든 계좌 이체내역을 조사합니다. 가족 간 이체내역을 모두 확인하며, 거래 이체횟수가 많거나 금액이 큰 경우 증여로 보아 추징의 대상이 될 수 있습니다. 만약 차용을 계획하고 있다면 차용증 작성 내용이 적절한지 검토해야 하며, 기재내용과 동일하게 실행함으로써 차용거래가 부인될 수 있는 가능성을 최소화해야 합니다.

부모님으로부터 증여받은 사실을 감추기 위해 우회하여 계좌이체를 하는 경우 거래 상대방의 계좌를 추가로 확인할 수 있으니 조심해야 합니다. 예를 들어 부모님이 친척에게 이체하여 친척으로부터 증여받은 것으로 꾸미는 경우 거래 상대방의 계좌이체 내역을 추가로 확인할 수 있으며, 상황에 따라 부정한 탈세행위에 해당하여 더 강도 높은 불이익을 받을 수 있으니 유의해야 합니다.

〈2〉 고액의 입출금

CTR(고액현금거래보고제도)제도에 의해 금융기관에서 1일 1,000만 원 이상 현금거래가 발생하는 경우 FIU(금융정보분석원)에 보고되며, 이로 인해 부동산 등 재산을 취득하지 않았더라도 현금거래만으로 자금출처조사의 대상이 될 수 있습니다. 또한 1일 1,000만 원에 미달하는 현금거래라도 금액과 거래 빈도에 따라 탈세 의심거래로 보아 자금출처조사가 이루어지는 경우도 있으니 유의해야 합니다.

2. 자료는 반드시 미리미리 준비해야 합니다

자금출처조사는 부동산 등 재산을 취득하고 2~3년의 시간이 흐른 뒤 실시되는 것이 일반적입니다. 또한 부동산 취득 전 수 개년 이상의 기간을 세무조사 대상기간으로 선정할 수 있기 때문에 실제로 자금출처조사 시점으로부터 약 5년 이상의 예전 자료가 필요한 경우도 있습니다.

예를 들어 2021년 부동산을 취득하였고, 2024년 자금출처조사가 개시되었을 때 조사대상기간이 2018년부터 시작되는 경우 당장 약 6년 전 자료가 필요하게 되는 것입니다. 은행계좌내역 등 금융기관에서 관리하고 있는 자료라면 요청해서 받을 수 있겠지만, 몇 년 전 작성했던 차용증·투자약정서·임대차계약서 같은 사인 간 작성한 자료는 분실하는 경우가 많고 코인거래내역과 같은 자료는 일정시간이 지나면 받을 수 없는 경우가 많습니다.

해당 자료들은 세무조사 쟁점사항 중 핵심적인 자료가 될 수 있으며, 사례에 따라서 당초 작성된 서류가 맞는지 디지털포렌식을 통해 확인하는 경우도 있습니다. 만약 자료를 분실하여 재작성한다면 같은 내용으로 작성하더라도 인정 여부가 달라질 수 있습니다. 또한 코인과 관련된 소득은 문제가 더 커질 수 있습니다. 금융기관이 사라질 걱정은 안 해도 되지만 코인거래소는 폐업하는 경우 또는 일정 시간이 지난 자료를 받을 수 없는 경우가 있기 때문입니다. 수 년 전 정상적으로 거래하여 소득을 얻은 경우라고 하더라도 세무조사가 실시된 현재 관련 자료를 가지고 있지 않다면 이에 대한 입증은 굉장히 어려워질 수 있습니다.

따라서 현재 상황에서 자금출처조사의 대상이 될 수 있는지, 될 수 있다면 어떤 자료를 미리 준비해 놓아야 조사를 대비할 수 있을지, 추가 보완해야 하는 것은 무엇인지 반드시 사전에 파악하는 것이 중요하겠습니다.

3. 조사공무원과의 신뢰관계를 유지해야 합니다

자금출처조사는 한 달 이상의 긴 시간 동안 조사공무원이 조사내용에 대해 질문 및 자료를 요청하고, 세무대리인(또는 납세자 본인)은 관련 자료를 수집하여 요청받은 자료로 재작업해 제출하여 답변하게 됩니다. 조사는 유선 또는 메일로 주고받을 뿐만 아니라 관할 지방국세청 및 세무서를 방문하여 조사내용에 대해 논의를 수차례 진행하기도 합니다.

결과적으로 세무조사는 사람이 시작하고 사람의 판단에 따라 조사하여 마무리한다는 점이 가장 중요한 부분입니다. 결국 사람이 하는 일이다 보니 동일한 사실관계를 가진 세무조사 건이라도 조사팀에 따라 부과되는 세금이 달라지며, 같은 조사팀이라고 하더라도 세무조사를 대응하는 세무대리인에 따라 세금이 달라지게 됩니다.

국세청은 과세형평과 납세자의 재산권 보호를 위해 동일한 사례에 동일한 결과를 도출하기 위해 내부 교육시스템을 운용하고 있으나, 세무조사는 세무행정 중 가장 고도의 지식과 경험이 요구되는 분야이므로 세무대리인의 역량, 조사실적, 조사팀과의 소통 등 다양한 변수에 따라 추징되는 세액은 달라질 수 있습니다.

세무조사 대응과정이 추징세액의 최소화에만 혈안이 되어 조사팀을 배려하지 않고 일방적인 주장으로만 일관된다면 조사팀과의 인간적인 불화로 오히려 세무조사가 더 어렵게 흘러갈 수 있습니다. 실제로 세무대리인 또는 납세자분들이 많이 간과하는 부분입니다.

국세청은 근거 없이 세무조사 대상자로 선정하지 않으며, 세금을 추징하지 않습니다. 세무조사 대상자는 국세청 전산시스템으로 꾸준히 관리·분석되어 왔으며, 해당 사안에 대해 예비조사(준비조사)를 시행한 것이므로 일관되게 부정하는 것은 좋은 결과를 가져오지 못합니다. 조사팀과의 불화는 조사중지·연장·확대 등의 부정적인 결과를 가지고 올 수 있기 때문에 조사공무원의 입장을 이해하려 노력하고 업무적 편의를 도우면서 인간적으로 배려한다면 보다 나은 결과로 마무리할 수 있을 것입니다.

4. 세무조사에는 전략이 필요합니다

세무조사가 진행되는 과정에서 조사팀과 세무대리인(납세자)은 무수히 많은 연락을 주고받게 되는데, 이 과정에서 조사가 유리한 방향으로 흘러갈 수 있도록 세무부분 외에도 상황에 맞는 세무조사 전략을 잘 수립해야 합니다.

예를 들어 조사팀이 소명자료를 요구했을 때 최대한 정확하고 신속하게 제출하여 신뢰를 형성하는 것이 중요합니다. 자료가 불충분하거나 늦게 제출하는 것이 반복된다면 조사팀은 납세자를 불신하며 부정적인 감정을 가질 수 있습니다.

하지만 무조건 신속하고 빠르게 제출하는 것이 능사는 아닙니다. 조사팀이 무리한 소명자료 요청을 수차례 반복하는 경우에는 납세자의 권리보호에 대해 충분히 주장할 수 있어야 합니다. 또한 이미 충분한 자료를 제출했음에도 불구하고 불필요한 소명자료를 추가로 요청하는 상황이라면 오히려 소명자료 제출을 늦추는 것이 세무조사 종결기간이 다가온 시점에 보다 나은 상황으로 흘러갈 수 있습니다. 때에 따라서는 상황에 대한 적절한 판단이 법리적 판단보다 더욱 긍정적인 결과를 낳게 할 수도 있습니다.

다만, 이러한 세무조사 자체에 대한 전략은 조사경험이 축적될수록 자연히 학습되는 것으로 납세자가 직접 대응하거나 세무대리인의 조사경험이 부족한 경우에는 더욱 신중할 필요가 있습니다.

5. 부탁을 하는 것에도 타이밍이 존재합니다

동일한 사실관계를 가진 세무조사는 어디에도 존재하지 않습니다. 수많은 세무조사 사례 중 뾰족한 해결방법이 없는 경우도 당연히 존재하기 마련입니다. 한 달이 넘는 기간 동안 조사를 대응하면서 최선을 다했음에도 불구하고 다양한 변수들에 의해 조사가 최악으로 향하고 있다면 조사팀의 지적사항을 인정하고 최대한 납세자가 처한 상황을 언급하면서 선처를 구하는 것이 필요합니다.

앞서 말한 것과 같이 세무조사는 사람이 하는 것이므로 조사를 진행하면서 조사팀과의 신뢰관계를 잘 쌓아 왔다면 마무리 단계에서 납세자에게 도움을 주는 경우도 빈번하게 발생합니다. 정확한 명문규정이 없이 해석에 따라 결과가 달라질 수 있는 내용에 대해서는 조사팀의 재량에 따라 납세자에게 유리하게 조사를 종결해 줄 수 있기 때문입니다.

다만, 무턱대고 부탁하는 것은 악영향을 가져올 수 있으므로 조심해야 합니다. 세무조사 기간이 충분히 남았거나, 그동안 성실하게 조사에 응답하지 않았거나, 조사팀의 재량으로 인정해 줄 수 있는 범위를 벗어나는 부분을 부탁한다면 오히려 부정적인 감정을 가지게 하여 조사가 어렵게 진행될 수 있기 때문입니다.

조사공무원은 조사가 끝나고 상급기관으로부터 세무조사가 제대로 마무리되었는지에 대해 내부감사를 받게 되고, 내부감사 결과에 따라 해당 조사공무원이 징계 등을 받을 수 있기 때문에 조사공무원 입장에서 무리한 부탁은 큰 부담을 줄 수도 있습니다. 따라서 쟁점이 되는 부분과 세무조사 처리시스템을 잘 파악하여 부탁할 내용과 적절한 시점을 정해야 합니다.

6. 조사분야에 대한 전문성이 중요합니다

　세무조사는 ①조사분야와 관련된 세법지식뿐만 아니라 ②조사팀과의 관계수립과 소통능력 ③조사팀과 납세자 간 분쟁조정과 같은 서로 다른 능력이 복합적으로 필요한 특수한 분야입니다. 조사기간 동안 발생하는 많은 변수와 다양한 상황에 대한 모든 내용을 법에서 규정하고 있지 못하기 때문에 조사에 대한 경험이 충분하지 않은 세무대리인이라면 당연하게도 매순간 적절한 선택과 대응을 하기 어려울 것입니다.

　세무조사에 필요한 세법 지식은 일반 세무업무에 필요한 지식과는 결을 달리합니다. 서로 다른 전문 과목의 의사선생님이 다른 과 수술을 대신해서 진행할 수 없듯이 개인·법인 사업체의 부가가치세, 소득세, 법인세 신고를 위해 수행하는 업무 내용과 자금출처조사 대응 과정에서 수행하는 업무 내용에서 공통되는 부분은 극히 드물기 때문에 세무대리인이 세무조사에 대한 경험이 충분하고 전문성을 가지고 있는지 꼼꼼히 따져 볼 필요가 있습니다.

[6장] 자녀에게 주택을 주는 절세의 기술

01
자금출처조사 위험성 없이도
자녀의 내 집 마련을 도와줄 방법이 있다

최근 부동산 가격이 급등함으로써 20, 30대 자녀 세대의 내 집 마련이 쉽지 않습니다. 그 어느 때보다 부모 세대의 증여가 많이 이루어지는 시대이며, 특히 증여의 목적 중 상당수가 자녀의 내 집 마련을 지원해 주기 위한 것입니다.

하지만 증여세는 최대 50%의 세금이 부과되는 세목으로서 세금의 부담이 적지 않습니다. 이처럼 증여를 하고 싶어도 세금부담 때문에 많은 분들이 쉽게 증여를 하지 못하거나, 과소신고 또는 미신고하는 경우가 빈번하게 발생하고 있습니다.

세금을 과소신고·납부하여 자녀의 내 집 마련을 도와주는 것은 '탈세'입니다. 하지만, 단순한 현금을 증여하는 것이 아닌 부동산 증여, 부담부증여, 저가양도, 교환과 같은 컨설팅 방법을 활용하여 각 상황에 맞게 적법하게 세금을 줄이는 것은 '절세'입니다. '탈세'는 자금출처조사의 대상이 되어 원래 내야 하는 세금에 더해 많게는 세금을 한 번 더 내는 규모의 가산세가 함께 추징될 수 있습니다. 반면 '절세'는 적법한 방법을 활용한 것이므로 자금출처조사의 대상이 되지 않습니다.

[6장]에서 설명할 절세컨설팅 방법은 다음과 같이 4가지로 구분할 수 있습니다.

① 부동산 증여
② 부담부증여
③ 저가양도
④ 교환

02
자녀의 내 집 마련을 도와줄 절세컨설팅: 부동산 증여

증여세는 증여하는 재산의 종류에 따라 가치산정이 달라집니다. 현금을 증여한다면 증여하는 금액 그대로를 기준으로 증여세를 부과하지만, 부동산을 증여하는 경우 세법에서 가치를 산정하는 별도의 규정이 있으며 이를 활용하여 세금을 줄일 수 있습니다.

1. 증여세

〈1〉 세법상 시가

세법에서 증여하는 재산의 가치가 정하는 금액을 '시가'라고 하며, 시가를 산정하기 어려운 경우에는 '보충적 평가방법'에 의해 가치를 산정합니다.

평가방법	금액
시가	매매가, 감정가, 수용·경매가, 유사매매사례가
보충적 평가	기준시가(공시가, 공시지가)

시가로 인정되는 금액에는 매매가, 감정가, 수용·경매가, 유사매매사례가가 있습니다.

(1) 매매가

증여일 전 6개월~후 3개월의 기간(평가기간) 동안 증여하려는 부동산이 매매되었다면 그 금액을 시가로 봅니다.

이때 매매가액이 평가기간 이내에 해당하는지 여부의 판단기준은 매매잔금을 받거나 등기를 이전한 날이 아닌 매매계약일입니다. 매매잔금을 지급하거나 등기접수를 증여일로부터 6개월 이내 했더라도 매매계약이 6개월 이전에 이루어졌다면 해당 매매가는 세법상 시가에 해당하지 않습니다.

가족 등 특수관계인 간 매매를 하는 경우와 같이 거래가액이 객관적인 가치를 반영하지 못하는 경우에는 시가로 인정되지 못하므로 낮은 금액으로 가족에게 매매하고 그 금액을 기준으로 증여하는 방법은 부인될 수 있으니 유의해야 합니다.

(2) 감정가

증여일 전 6개월~후 3개월의 기간(평가기간) 동안 증여하려는 부동산에 대해 2곳 이상의 감정기관에 의뢰하여 감정평가를 받았다면 그 평균액을 시가로 봅니다.

① 가격산정기준일, 평가서작성일

감정평가액이 평가기간 이내에 해당하는지 여부의 판단기준은 가격산정기준일과 감정평가서 작성일입니다. 따라서 증여일로부터 6개월 이내 작성된 감정평가서라도 평가금액의 기준일이 6개월 이전이라면 적정한 시가에 해당하지 않습니다.

② 평가심의위원회

가격산정기준일, 평가서작성일이 평가기간 이내에 해당하지 않더라도 시가로 인정받을 수 있는 방법이 있습니다. 증여일 전 2년~후 9개월의 기간 이내라면 평가심의위원회의 심의를 통하여 적정한 시가로 사용할 수도 있습니다.

(3) 유사매매사례가

증여하는 재산과 면적·위치·용도·종목 또는 기준시가가 같거나 비슷한 다른 물건이 증여일 전 6개월~후 3개월의 기간 동안 정상적으로 매매됐다면 그 거래가액을 시가로 적용합니다.

유사한 물건에 해당하는지 여부는 다음의 기준에 따라 결정됩니다.

증여재산의 종류	판단의 기준
공동주택	다음의 3가지를 모두 충족해야 합니다. 1. 증여하려는 공동주택과 같은 단지 2. 면적(전용)의 차이가 5% 이내 3. 공동주택가격(기준시가)의 차이가 5% 이내
이외의 재산	면적·위치·용도·종목 또는 기준시가가 같거나 비슷한 다른 물건

⟨2⟩ 기준시가

　시가로 사용할 수 있는 금액이 없는 경우에는 기준시가(보충적 평가방법)에 따라 증여할 수 있습니다. 기준시가란 증여하려는 물건의 종류에 따라 다르지만 흔히 아는 토지 공시지가, 아파트 공시가 등이 기준시가에 해당합니다.

　기준시가로 증여하는 경우 시가로 증여하는 경우와 비교하여 증여세와 취득세가 현저히 줄어들 수 있습니다. 하지만 증여일 전 6개월 ~후 3개월의 기간에 매매거래가 없다고 해서 무조건 기준시가로 증여가 가능한 것은 아닙니다.

　기준시가로 증여세를 신고·납부한 경우 세무서장 또는 국세청장의 요청에 따라 평가심의위원회의 심의를 통해 증여일 전 2년 이내의 시가로 세금을 추징하거나, 증여일 이후 감정평가를 의뢰하여 받은 감정평가액으로 추징할 수 있는 규정이 있기 때문입니다.

2. 취득세

　2022년까지 이루어진 부동산 증여에 대해선 세법상 시가로 보는 금액이 있는 경우에도 취득세는 기준시가(시가표준액)를 기준으로 부과되었습니다. 예를 들어 증여하려는 아파트의 공시가격이 6억 원이고, 10억 원에 거래되고 있다면 증여세 부과 시 10억 원을 기준으로 계산했지만, 취득세는 6억 원을 기준으로 부과했습니다.

하지만, 2023년 개정을 통하여 취득세 역시 시가인정액(매매가, 감정가 등)으로 부과되는 것으로 개정되어 일반적인 증여의 경우 취득세 부담이 증가하게 되었습니다. 다주택자라면 증여하는 주택이 조정대상지역에 있으면서 공시가격이 일정 금액을 초과하는 등 예외적인 경우에는 수증자에게 12%의 높은 중과세율이 적용되므로 취득세를 반드시 함께 검토해야 합니다.

또한 부동산 증여 시 발생하는 취득세는 증여세와 동일하게 취득하는 수증자가 납부해야 하는 세금이므로 수증자의 세부담을 함께 고려하여 증여계획을 세워야 합니다.

[부동산 증여 사례]

- 자녀에게 10억 원의 부동산 증여
- 증여세: 약 2.2억 원
- 취득세: 약 4,000만 원

부동산을 취득하는 자녀는 증여세뿐만 아니라 부동산을 취득하는 취득세, 공인중개사수수료 등의 비용을 부담해야 합니다. 이때 많은 분들이 놓치는 것이 증여세, 취득세 등의 비용을 부모님이 대신 납부하는 경우 해당 금액 역시 추가 증여재산에 해당하므로 증여세는 더욱 늘어나게 되는 부분입니다.

> 따라서 온전히 자녀가 10억 원의 부동산을 취득하기 위해선 대납에 따른 세액까지 고려해야 하며, 결과적으로 약 14~15억 원의 자금을 증여해야만 자녀가 10억 원의 부동산을 취득하는 것이 가능합니다.

3. 이월과세, 할증과세

〈1〉 이월과세

배우자, 직계존비속으로부터 증여받은 부동산을 증여받은 날로부터 10년 이내 양도한다면 양도세 계산 시 취득가액은 증여로 취득한 금액(증여 당시 시가 또는 기준시가)이 아닌 최초 증여자가 취득했던 금액으로 적용합니다.

흔히 부모님으로부터 증여받은 부동산은 10년간 양도하지 못한다고 알고 있지만, 양도 자체가 불가능한 것은 아닙니다. '이월과세'는 오랜 기간 보유하여 시세차익이 큰 부동산을 배우자 및 자녀에게 증여한 직후 양도하는 방법으로 세금을 회피하는 행위를 막기 위해 만들어진 규정으로서, 취득가액이 작아짐에 따라 증여 후 처분 시 양도소득세에서 불이익이 있을 수 있으니 유의해야 합니다.

> [이월과세 적용 사례]
>
> - 부모님이 15년 전 5억 원에 A 아파트 취득
> - 현재 시가 8억 원으로 자녀에게 A 아파트를 증여
> - 증여받은 자녀가 A 아파트를 10억 원에 양도
>
> **① 증여받은 날로부터 7년 뒤 양도하는 경우**
> 양도소득세 대상금액: 5억 원(양도가액 10억 원 - 부모님 취득가액 5억 원)
> **② 증여받은 날로부터 12년 뒤 양도하는 경우**
> 양도소득세 대상금액: 2억 원(양도가액 10억 원 - 증여 취득가액 8억 원)

2022년까지 이월과세 적용기한은 5년이었지만, 2023년 증여분부터 10년으로 개정되었습니다. 비록 증여받았을 때 납부했던 증여세는 필요경비로 인정해 주지만, 이월과세가 적용되는 경우 많은 양도소득세가 부과될 수 있으므로 증여계획 수립 시 유의해야 합니다.

〈2〉 할증과세

손자녀와 같이 자녀가 아닌 직계비속에게 증여하는 경우 증여세가 30%(40%) 할증됩니다. 손자녀에게 부를 이전하기 위해서는 조부모에서 부모에게, 부모에서 자녀에게 2개의 단계에서 다음과 같은 세금이 부과되는 것이 일반적입니다.

- 상속세 + 상속세
- 상속세 + 증여세
- 증여세 + 상속세
- 증여세 + 증여세

이렇게 세금이 2번 부과되어야 손자녀 등에게 증여가 가능하지만, 손자녀 등에게 직접 증여하여 1번의 세금만 납부하는 경우에는 30%(40%) 할증된 세금을 부담하도록 하는 것입니다.

비록 할증이 되지만, 조부모님의 자산이 일정규모 이상인 경우에는 일부 자산을 미리 손자녀 등에게 증여하는 것이 더 유리할 수 있습니다. 이때 손자녀가 미성년자 또는 학생인 경우 증여세, 취득세를 납부할 자력이 없으므로 대납에 대한 부담이 발생하기 때문에 높은 임대수입을 얻을 수 있는 부동산을 우선 증여한다면 증여 후 발생하는 임대수입으로 대납의 부담을 줄일 수 있을 것입니다.

03
자녀의 내 집 마련을 도와줄 절세컨설팅: 부담부증여

'부담부증여'란 부동산을 증여받을 때 담보되어 있는 채무(은행채무, 전세보증금 등)를 함께 가지고 오는 증여입니다.

1. 양도소득세와 증여세

부담부증여는 채무 부분에 대해서는 분할 양도로 보고, 나머지 부분은 증여로 보는 것으로 양도소득세와 증여세가 함께 발생하는 부동산 이전 방식입니다. 채무승계액이 높을수록 양도하는 비율이 올라가고 증여하는 비율이 적어지는 것으로 양도소득세와 증여세 그리고 취득세를 함께 비교하여 가장 절세되는 채무승계액을 정하는 것이 필요합니다.

〈1〉양도소득세

부담부증여의 양도소득세는 승계하는 채무금액을 양도가액으로 하고, 전체 취득가액 중 양도가액에 해당하는 비율만큼을 취득가액으로 하여 양도소득세를 계산합니다.

양도소득세의 납세의무자는 증여세와 다르게 수증자가 아닌 증여자이며, 부담부증여 하는 부동산이 주택인 경우 부담부증여 양도소득세 역시 일반 매매거래와 동일하게 1세대 1주택 비과세, 다주택자 중과세 등이 모두 적용됩니다.

〈2〉 증여세

부담부증여 하는 부동산의 시가에서 승계하는 채무액을 공제한 금액을 증여재산으로 보아 증여세를 부과합니다. 이때 시가는 앞에서 설명한 부동산 증여의 시가와 모두 동일합니다.

부담부증여는 승계하는 채무에 대한 상환의무가 수증자에게 있기 때문에 양도로 보는 부분만큼 부의 이전 효과가 줄어드는 것이므로 자녀에게 온전히 재산을 이전하는 것이 목적이라면 부담부증여가 적합하지 않을 수 있습니다.

예를 들어 자녀에게 10억 원의 부동산을 증여할 때 담보되어 있는 채무 3억 원을 승계하는 조건으로 부담부증여 한다면 승계하지 않는 조건의 증여보다 전체적인 세금이 줄어들 수 있지만, 결국 3억 원의 채무는 자녀가 부담해야 하는 것이므로 온전히 10억 원의 부동산을 증여하는 경우와 비교했을 때 이전하는 재산이 3억 원 적어지는 것입니다.

[증여와 부담부증여 세액 비교 사례]

- 증여하는 아파트 시가: 10억 원
- 아파트에 담보되어 있는 채무: 3억 원

- 증여자(부모님)의 최초 취득금액: 5억 원(10년 전 취득 가정)
- 증여하는 아파트는 비조정대상지역 소재

자녀에게 채무 3억 원을 함께 받는 조건의 부담부증여를 하는 경우 3억 원에 대해서는 양도로 보아 증여자에게 양도소득세, 나머지 7억 원(10억 원 - 3억 원)에 대해서는 증여로 보아 수증자에게 증여세를 부과합니다.

1. 부담부증여 하는 경우 총 세액: 약 1.55억 원
① 양도세: 약 2,500만 원
- 양도가: 3억 원(채무액)
- 취득가: 1.5억 원(최초 취득가 5억 원 × 채무액 3억 원/아파트 시가 10억 원)
② 증여세: 약 1.3억 원(7억 원 증여)

2. 채무승계 하지 않고 증여하는 경우 총 세액: 약 2.2억 원
① 양도세: 없음
② 증여세: 약 2.2억 원

3. 결론
해당 사례의 경우 양도세와 증여세를 비교했을 때 부담부증여를 하는 것이 약 6,500만 원 더 유리합니다. 만약 부모님 세대가 1주택자로서 양도소득세 비과세 요건을 충족하는 경우 부담부증여의 절세액이 더 늘어날 수 있습니다. 취득세는 부모님 세대와 자녀 세대가 보유하고 있는 주택의 수에 따라 적용되는 세율이 달라지게 되므로 취득세까지 함께 고려하여 최적의 절세효과를 누릴 수 있도록 계획을 수립하는 것이 중요합니다.

양도소득세, 증여세 등 대부분의 세금들은 과세대상 금액이 클수록 높은 세율이 적용됩니다. 연봉 5천만 원의 회사원보다 연봉 2억 원을 받는 회사원의 세금 비중이 높은 것과 동일한 이유입니다.

　모든 금액을 증여로 보아 증여세가 부과되는 부동산 증여와 다르게 부담부증여는 채무승계 부분을 분할양도로 보아 증여세로 부과되는 금액과 양도세로 부과되는 금액으로 나뉘므로 각각 낮은 세율이 적용되는 효과가 발생합니다. 다만, 주택의 경우로서 다주택자 중과세율이 적용되는 경우 등 일부 사례에서는 오히려 세금이 늘어날 수 있으니 꼼꼼히 비교해 봐야 합니다.

2. 취득세

　취득세는 매매로 취득한 경우와 증여로 취득한 경우 적용세율이 달라집니다. 따라서 부담부증여에서 분할양도 부분은 매매로 인한 취득세, 증여 부분은 증여로 인한 취득세로 구분되어 적용됩니다.

증여자 또는 수증자가 다주택자라면 다음과 같이 취득세가 중과될 수 있습니다.

구분 기준대상	증여 취득 증여자 세대	매매 취득 수증자 세대
기본 취득세율	- 증여주택이 비조정대상지역 - 공시가격이 3억 원 이하 - 1세대 1주택자로서 배우자 및 직계존비속에게 증여	- 무주택 세대 - 1주택 보유 세대로서 비조정지역 주택을 취득하는 경우
중과 취득세율	기본취득세율에 해당하지 않는 경우(12%)	기본취득세율에 해당하지 않는 경우(8~12%)

[부담부증여 절세방안]

1. 양도소득세

주택을 부담부증여 하는 경우 다주택자이면서 조정대상지역의 부동산이라면 약 60~70%에 육박하는 양도소득세를 부담하게 되므로 오히려 더 많은 세금이 부과될 수 있습니다. 반대로 증여자가 1세대 1주택 비과세에 해당하는 경우 일정 금액까지 양도소득세가 발생하지 않아 절세효과가 훨씬 커질 수 있으므로 채무액을 늘려 부담부증여를 진행한다면 세부담을 더 줄일 수 있습니다.

2. 취득세

취득의 원인에 따라 취득세 중과세율 적용 여부의 기준은 증여자가 될 수도, 수증자가 될 수도 있기 때문에 원인별 취득금액을 구분하여 판단해야 합니다. 수증자 세대가 다주택자로서 매매로 인한 중과 취득세율이 적용되는 경우 부담부증여 시 부담부증여 시 줄어드는 증여세보다 늘어나는 취득세가 더 클 수 있습니다.

증여자 세대가 다주택자의 경우 등 증여에 대해 중과취득세율이 적용되는 경우라면 일부 금액에 대해 매매로 인한 취득세율이 적용되도록 부담부증여를 활용하여 취득세를 줄일 수 있습니다. 따라서 사실관계에 맞는 가장 유리한 채무금액을 파악하고, 해당 금액에 맞추어 부담부증여를 한다면 최적의 절세효과를 누릴 수 있습니다.

3. 기준시가 평가

임대차계약이 되어 있는 부동산으로서 임대보증금을 승계하는 조건으로 부담부증여 하는 경우 임대료 환산가액을 유의해야 합니다.

기준시가로 부담부증여를 하는 경우 1년간의 임대료/12%와 임대보증금의 합계액인 임대료 환산가액이 기준시가보다 크다면 증여세 계산 시 기준시가가 아닌 임대료 환산가액으로 부동산 가치를 산정하게 되므로 임대료 금액에 따라 계획했던 절세효과를 얻지 못하는 경우도 있습니다.

기준시가로 평가하는 경우 증여세뿐만 아니라 양도소득세 계산 시 실제취득가액을 인정받지 못하며, 증여로 취득한 부분에 대한 취득금액이 줄어드는 효과가 발생하므로 향후 해당 부동산을 양도할 때 양도소득세가 늘어날 수 있습니다. 따라서 기준시가로 부담부증여를 진행하려는 경우 놓치는 부분이 없도록 면밀히 검토해야 합니다.

4. 채무의 일부승계, 증여지분과 승계하는 채무의 비율이 다른 경우

가장 적은 세금이 발생하는 최적의 채무금액은 사례별로 달라집니다. 만약 담보되어 있는 채무가 최적 금액보다 큰 경우 채무의 일부승계를 고려하거나, 증여받는 지분과 승계하는 채무의 비율을 조정한다면 보다 더 많은 절세효과를 누릴 수 있습니다. 다만, 채무의 종류와 사실관계에 따라 인정 여부가 달라질 수 있으니 유의해야 합니다.

04
자녀의 내 집 마련을 도와줄 절세컨설팅: 저가양도

실거래금액을 조회해 보면 간혹 시세보다 훨씬 낮은 금액으로 매매가 이루어진 거래내역을 확인할 수 있습니다. 이러한 거래들은 매매의 방식으로 증여와 동일한 효과를 내는 '저가양도'를 활용한 것입니다.

[실제 진행한 저가양도사례 실거래가 조회]

전용면적(㎡)	계약일	해제여부	해제사유발생일	등기일자	거래금액(만원)	층	거래유형	중개사소재지
82.88	30				148,500	9	-	-
82.88	8				100,000	3	-	-
82.88	5				145,000	8	-	-

전용면적(㎡)	계약일	해제여부	해제사유발생일	등기일자	거래금액(만원)
84.954	26				85,000
84.954	24				80,000
84.9713	19				65,000
84.954	12				85,500

출처: 국토교통부 실거래가 공개시스템

그렇다면 이런 저가양도거래는 안전한 거래일까요? 시세보다 훨씬 저렴한 금액으로 누구나 쉽게 자녀에게 양도할 수 있을 만큼 세법이 만만하지는 않습니다. 가족 간 저가양도는 증여, 부담부증여와 비교하여 훨씬 복잡한 세법 규정이 적용되며, 국세청 등 관련 행정기관에서도 거래내용에 대한 소명을 요구하는 등 강도 높은 관리를 받게 됩니다.

저가양도 컨설팅을 진행하면서 가장 많이 듣는 질문이 "세무사님, 저가양도 하면 세무조사 나오지 않나요?"입니다. 지금까지 다양한 내용의 수많은 저가양도 컨설팅을 진행해 오면서 느낀 점은 복잡하고 어려운 사례라고 하더라도 세무조사의 위험성을 벗어날 수 있는 안전한 계획을 충분히 수립할 수 있다는 것입니다. 다만, 사실관계에 따라 문제될 수 있는 세무상 이슈는 다르기 때문에 세무전문가와 함께 충분한 검토가 필요합니다.

1. 양도소득세 부당행위계산의 부인

시세가 10억 원인 아파트를 7억 원에 취득했다면 해당 아파트를 양도 시 양도차익 3억 원에 대한 양도소득세를 내야 합니다. 그렇다면 시세 10억 원의 아파트를 자녀에게 7억 원에 양도한다면 양도가와 취득가가 동일하니 양도소득세를 안 내도 될까요?

「소득세법」에서는 '특수관계인'이라는 개념을 두어 특수관계인에게 시세보다 저렴하게 양도하는 경우 해당 매매거래금액을 부인하고 세법에서 정하는 금액을 적용하여 양도소득세를 다시 계산하도록 하고 있습니다. 이는 가족 등에게 시세보다 저렴하게 양도하여 양도소득세를 회피하는 행위를 예방하여 과세형평을 실현하기 위한 규정입니다.

> **소득세법 제101조(양도소득의 부당행위계산)**
> ① 납세지 관할 세무서장 또는 지방국세청장은 양도소득이 있는 거주자의 행위 또는 계산이 그 거주자의 특수관계인과의 거래로 인하여 그 소득에 대한 조세 부담을 부당하게 감소시킨 것으로 인정되는 경우에는 그 거주자의 행위 또는 계산과 관계없이 해당 과세기간의 소득금액을 계산할 수 있다.

〈1〉 특수관계인

「소득세법」에서는 부당행위계산 부인이 적용되는 특수관계인을 다양하게 규정하고 있지만 일반적으로 적용되는 대상을 나열하면 다음과 같습니다.

- 4촌 이내의 혈족
- 3촌 이내의 인척
- 배우자(사실상 혼인관계에 있는 자를 포함)
- 친생자로서 다른 사람에게 친양자 입양된 자 및 그 배우자·직계비속

따라서 자녀, 손자녀, 사위, 며느리, 형제 등은 모두 특수관계인에 해당합니다.

〈2〉 매매거래금액

특수관계인 간 거래라고 하더라도 모든 매매거래가 부당행위계산 부인의 대상이 되는 것은 아닙니다. 시가와 거래금액(대가)의 차이가 min(시가의 5%, 3억 원)을 초과하는 경우에만 부당행위계산 부인의 대상이 됩니다.

[저가양도 사례1]

- 부모님 소유 A아파트를 자녀에게 저가양도
- A 아파트 시가 10억 원, 취득가 5억 원

1. 자녀에게 A 아파트를 8억 원에 양도하는 경우
시가와 대가의 차액인 2억 원이 3억 원 이내이지만 시가의 5%인 5천만 원을 초과하므로 양도가액은 시가 10억 원을 적용하여 양도차익 5억 원에 대해 양도소득세를 부과합니다.

2. 자녀에게 A아파트를 9.5억 원에 양도하는 경우
시가와 대가의 차액인 5천만 원이 min(5천만 원, 3억 원)을 초과하지 않으므로 양도가액은 시가 10억 원이 아닌 실제 매매가액인 9.5억 원을 적용하여 양도차익 4.5억 원에 대해 양도소득세를 부과합니다.

따라서 양도소득세 측면에서 바라본다면 자녀에게 저가양도 하는 것은 대부분 절세효과가 없을 수 있습니다.

〈3〉 시가

저가양도에서 적용되는 시가란 「상속세 및 증여세법」의 시가 규정을 따르고 있습니다. 따라서 앞에서 서술한 증여, 부담부증여에서 적용되는 시가와 동일합니다.

2. 증여세법

특수관계인에게 저가양도 또는 고가양도를 하는 경우 양도소득세 재계산뿐만 아니라 추가 증여세가 부과될 수 있습니다. 부동산을 증여하거나 현금을 증여하는 행위가 수반되는 것은 아니지만 해당 매매거래를 통하여 양수자에게 일정 금액 이상의 경제적 이익이 귀속되는 경우 증여세 과세대상으로 규정하고 있기 때문입니다.

<1> 매매거래금액

모든 매매거래에 증여세를 부과하는 것은 아니며, 시가와 거래금액(대가)의 차이가 min(시가의 30%, 3억 원)을 초과하는 경우 증여세가 부과됩니다.

부당행위계산 부인이 적용되는 대상이 min(시가의 5%, 3억 원)인 것과 비교하면 증여세법에서는 그 범위를 보다 넓게 보고 있습니다.

> **[저가양도 사례2]**
>
> - 부모님 소유 A 아파트를 자녀에게 저가양도
> - A 아파트 시가 11억 원, 취득가 5억 원
>
> **1. 자녀에게 A 아파트를 7억 원에 양도하는 경우**
> 시가와 대가의 차액인 4억 원이 min(3.3억 원, 3억 원)을 초과하므로 증여세가 부과됩니다.
>
> **2. 자녀에게 A 아파트를 8억 원에 양도하는 경우**
> 시가와 대가의 차액인 3억 원이 min(3.3억 원, 3억 원)을 초과하지 않으므로 증여세가 부과되지 않습니다.

상담을 하다 보면 많은 분들이 시가의 30% 또는 3억 원보다 적은 금액으로 양도하면 전혀 문제없지 않냐고 물어보십니다. 세법 규정을 하나씩 자세히 따져 보면 증여세가 부과되지는 않지만, 양도소득세는 시가로 재계산될 수 있으므로 양도소득세를 고려하지 않은 반은 맞고 반은 틀린 말인 것입니다.

또한 저가양도에서 가장 중요한 것은 자금소명 및 세무조사를 대비한 자금출처계획 수립과 가족 간 거래로서 증여추정 규정에 따라 증여로 추정되지 않도록 거래의 객관성을 부여하는 것입니다. 단순하게 시가의 30% 또는 3억 원보다 적은 금액이면 괜찮다고 생각하여 섣불리 매매거래 하는 경우 예상하지 못한 세금과 가산세가 추징될 수 있습니다.

〈2〉 증여세 계산

시가와 거래금액(대가)의 차이가 min(시가의 30%, 3억 원)을 초과하는 경우로서 증여세 과세대상 금액은 시가와 대가의 차이에서 min(시가의 30%, 3억 원)을 뺀 금액으로 규정하고 있습니다.

[저가양도 사례3]

- 부모님 소유 A 아파트를 자녀에게 저가양도
- A 아파트 시가 11억 원, 취득가 5억 원
- 자녀에게 A아파트를 7억 원에 양도하는 경우

시가와 대가의 차액인 4억 원에서 min(3.3억 원, 3억 원)을 뺀 1억 원이 증여세 과세대상에 해당합니다.

이때 증여세 계산은 동일인에게 10년 이내 증여한 금액을 합산하여 계산하므로 해당 매매거래 이전 자녀에게 증여한 재산이 있다면 합산해서 계산하는 점을 유의해야 합니다.

---

3. 취득세

2023년 취득세 개정은 특수관계인 간 저가양도에도 영향을 미치게 되었습니다. 개정 전에는 시세와 무관하게 실제매매 거래가액을 기준으로 부과했으며, 매매 거래가액이 기준시가보다 낮은 경우 매매로 인한 취득세와 증여로 인한 취득세로 구분되어 적용되어 왔습니다.

개정 후에는 실제매매 거래가액이 아닌 시가인정액을 기준으로 취득세를 부과하고 있습니다. 매매거래는 실제매매가액를 기준으로 취득세를 부과하는 것이 원칙이지만, 양도소득세와 동일하게 취득세에서도 특수관계인 간 거래의 경우 시가인정액을 기준으로 세금을 부과하는 예외규정을 두고 있습니다. 개정으로 인해 취득세 부담이 증가되었다고 볼 수 있지만, 내용에 따라서는 오히려 유리한 결과를 가지고 오는 경우도 있으므로 매매금액에 따라 다르게 적용되는 규정들을 함께 검토하여 최적의 매매거래금액을 설정해야 합니다.

참고로 개정 전 매매와 증여취득세가 구분되어 적용되던 이슈가 개정 후에도 여전히 쟁점으로 남아 있을 수 있습니다. 개정이 이뤄지고 많은 시간이 지나지 않았으므로 해당 이슈는 전문가와 함께 미리 검토하는 것을 추천드립니다.

4. 절세방안

그렇다면 어떤 경우 저가양도가 절세에서 유리한 방법일까요?

[증여, 부담부증여, 저가양도 비교 사례]

- 부모님 소유 A 아파트를 자녀에게 소유권 이전
- A 아파트 시가 10억 원, 취득가 5억 원
- 부모님 1세대 1주택자로서 2년 보유 및 거주기간 충족
- 전세보증금 3억 원
- 자녀는 무주택세대

세목	부동산 증여	부담부증여 (보증금 3억 원 승계)	저가양도 (매매가 7억 원)
양도세	0원	0원	0원
증여세	약 220,000,000원	약 120,000,000원	0원
취득세	약 40,000,000원	약 39,000,000원	약 35,000,000원
합계	약 260,000,000원	약 159,000,000원	약 35,000,000원
절세가능액	-	약 101,000,000원	약 225,000,000원

위 사례에서 부담부증여를 활용한다면 약 101,000,000원의 절세가 가능하며, 저가양도를 활용한다면 약 225,000,000원의 절세가 가능합니다.

시가 10억 원의 부동산을 자녀에게 7억 원에 양도하는 경우 발생하는 세금의 계산은 다음과 같습니다.

〈1〉 양도소득세

양수자가 특수관계인인 경우 실제 양도가액이 7억 원이라도 시가와 대가의 차액이 min(시가 5%, 3억 원)보다 크기 때문에 양도소득세 계산 시 양도가액은 실제매매가 7억 원이 아닌 시가 10억 원으로 계산합니다.

다만, 부당행위계산부인의 규정을 적용하여 계산하더라도 1세대 1주택으로서 양도소득세 비과세혜택을 받지 못하는 것은 아닙니다. 1세대 1주택 양도소득세 비과세규정은 양도가액 12억 원 이하의 경우 양도소득세가 발생하지 않습니다. 따라서 양도가액 10억 원이 적용되지만 해당 사례에서 양도소득세는 발생하지 않습니다. 12억 원을 초과하는 고가주택의 경우에도 양도소득세 비과세가 적용되어 12억 원 초과부분에 대해서만 양도소득세가 발생합니다.

〈2〉 증여세

증여세 과세대상 금액의 계산은 시가 10억 원과 대가 7억 원의 차액인 3억 원에서 min(시가의 30%, 3억 원)의 금액을 공제하므로 해당 사례에서 증여세 과세대상 금액은 0원입니다. 비록 자녀에게 시세보다 저렴한 금액으로 양도하여 자녀에게 재산적 이익이 귀속됐지만 증여세 계산구조를 활용하여 적정한 매매금액을 산정한다면 증여세 없이 저가양도가 가능합니다.

다만, 저가양도의 증여세 계산 역시 증여, 부담부증여와 동일하게 동일인에게 10년 이내 증여한 금액이 있다면 합산하여 계산하므로 사전에 증여한 금액이 있다면 유의해야 합니다. 또한 증여세 합산과세 계산 시 부모님은 동일인으로 보기 때문에 아버지로부터 5년 전 1억 원을 증여받고, 이후 어머니 소유의 부동산을 시세보다 낮은 가액으로 양수하는 경우에는 기존의 증여재산가액 1억 원을 증여세 과세대상금액에 합산하여 증여세를 계산해야 합니다.

〈3〉 취득세

특수관계인 간 저가양도이므로 취득세 역시 실제매매가 7억 원이 아닌 시가인정액 10억 원을 기준으로 부과됩니다. 이때 저가양도는 증여가 아닌 매매의 형식이므로 취득세 세율은 매매로 인한 취득세율을 적용합니다. 매매로 인한 취득세율은 양수자 세대가 보유한 주택의 수와 매매하는 주택의 소재지에 따라서 8~12%의 다주택자 중과세율이 적용될 수 있으므로 저가양도를 실행하기 전 미리 주택 수를 조절하여 기본세율 대상이 될 수 있도록 계획해야 합니다.

만약 자녀가 1주택을 보유한 세대이면서 매매하는 주택이 조정대상지역에 소재하는 경우에도 취득세 일시적 2주택 규정을 활용한다면 기본취득세율(1~3%)을 적용받을 수 있습니다.

⟨4⟩ 결론

부동산을 소유하고 있는 세대가 1세대 1주택 양도소득세 비과세 요건을 충족하는 경우 또는 부동산을 양수하는 세대가 기본취득세율을 적용받을 수 있는 경우에는 저가양도를 활용하여 유의미한 절세효과를 얻을 수 있습니다. 또한 절세효과뿐만 아니라 아래와 같이 다양한 사례에서 유용하게 활용할 수 있는 컨설팅입니다.

> - 주택을 보유하는 세대가 일시적 2주택 비과세, 혼인합가 비과세 등 일정 기간 내 주택을 양도해야 하는 경우 양도시기를 조절할 수 있음
> - 재개발·재건축 등의 투자목적으로 보유하고 있는 주택으로서 제3자에게 양도하기 아쉬운 경우 해당 주택을 계속해서 소유할 수 있음
> - 부모님이 자산가로서 자녀에게 증여하고자 하는 증여재산이 많은 경우 증여세 합산과세가 적용되지 않으면서 일정 금액을 증여 가능

5. 유의할 사항

⟨1⟩ 자금출처대비

저가양도와 증여의 가장 큰 차이점은 매매대금이 오간다는 점입니다. 증여는 부동산의 소유권을 넘기면서 수증자가 증여세와 취득세만 납부하면 되지만, 저가양도는 실제 매매가액이 오가는 거래이므로 양수자가 지급하는 매매대금의 자금출처를 입증해야 합니다.

가족 간 거래는 제3자 간 일반적인 거래와 동일한 형식과 실질을 갖춘 경우에만 예외적으로 인정되고 있습니다. 따라서 양수자가 지급하는 매매대금이 자력으로 마련한 것이 아니고 부모님으로부터 우회증여 받은 것이라면 저가양도는 부인되고 부동산 증여로 보아 증여세와 가산세가 추징될 수 있습니다.

따라서 반드시 세법에서 인정하는 자금출처 방식으로 자금을 마련해야 합니다. 저가양도거래를 하기 전 미리 부동산 취득자금, 신용카드 등 사용내역, 소득신고내역, 금융기관 채무 등 자금운용액과 자금출처액을 비교하여 적정 매매가액을 산정한다면 가장 좋을 것입니다.

양수자가 사회초년생 등으로 소득증빙이 부족한 경우 무조건 저가양도가 불가능한 것은 아닙니다. 감정평가를 받거나 채무를 활용하는 등의 방법이 있을 수 있으며, 이외에도 사실관계에 따라 자금출처 대비를 할 수 있는 여러 가지 방안이 있을 수 있습니다. 다만, 계획하는 방안이 세법에서 인정하지 않는 부적절한 것이라면 세무조사의 대상이 될 수 있으므로 세무전문가와 함께 적절한 계획을 세우시는 것을 추천드립니다.

〈2〉 증여추정

세법에서 규정하고 있는 '증여추정'에 의하여 배우자 또는 직계존비속에게 양도한 재산은 양도의 형식을 갖춘 경우라도 증여받은 것으로 우선 추정합니다. 만약 배우자 또는 직계존비속에게 적법한 방식으로 마련된 매매대금을 실제로 지급하고 거래내용의 실질이 제3자 간 매매거래와 동일함을 입증하여 객관성을 인정받은 경우에는 증여추정에도 불구하고 예외적으로 해당 거래를 인정하고 있습니다.

 추정규정은 조세탈루 행위가 빈번하게 발생하는 행위에 대한 입증 책임을 과세관청이 아닌 납세자에게 부과하는 것입니다. 배우자 및 직계존비속간의 매매거래가 정당한 형식과 실질을 갖춘 것임을 납세자가 입증해야 하므로 증여, 부담부증여 등의 소유권 이전 방식보다 난이도가 있는 컨설팅에 해당합니다. 예를 들어 부모님으로부터 차용하여 매매대금을 마련하는 경우 정당한 자금의 출처로 인정되지 못할 수 있으므로 매매거래를 이행하더라도 증여로 추징될 수 있으니 유의해야 합니다.

> **상속세 및 증여세법 제44조(배우자 등에게 양도한 재산의 증여 추정)**
> ① 배우자 또는 직계존비속(이하 이 조에서 "배우자등"이라 한다)에게 양도한 재산은 양도자가 그 재산을 양도한 때에 그 재산의 가액을 배우자등이 증여받은 것으로 추정하여 이를 배우자등의 증여재산가액으로 한다.
> ③ 해당 재산이 다음 각 호의 어느 하나에 해당하는 경우에는 제1항과 제2항을 적용하지 아니한다.
> 5. 배우자등에게 대가를 받고 양도한 사실이 명백히 인정되는 경우로서 대통령령으로 정하는 경우

〈3〉 매매 인정 여부

매매대금을 지급했다고 하여 반드시 증여가 아닌 정상적인 매매거래로 인정되는 것은 아닙니다. 실제 거래금액이 적정시가와 비교하여 현저히 낮다고 판단되거나, 채무의 종류가 부적합하거나, 차용거래로 자금을 마련하는 경우 등 사실관계에 따라 문제가 될 수 있는 세무상 이슈는 다양하게 존재합니다.

세법에서는 정상적인 매매로 인정하는 저가양도 거래요건에 대해 구체적으로 규정하지 않고 있으므로, 모든 내용은 세법의 기본원칙과 해당 규정의 취지 등에 따라 다양한 해석의 여지가 존재할 수 있습니다. 저가양도 인정 여부에 의한 세액의 차이가 상당히 클 수 있으므로 거래를 실행하기 전 꼼꼼한 검토가 필요합니다.

〈4〉 소명요청, 세무조사

가족 간 거래는 제3자 간 일반거래보다 조세를 탈루하는 행위가 빈번하게 이뤄지기 때문에 과세관청 및 관련 행정기관에서 특별히 관리하는 거래에 해당합니다. 기본적으로 가족에게 저가양도 하는 경우 한국부동산원 등의 기관에서 해당 거래에 대한 소명요청을 요구하고 있습니다.

또한 적법한 시가산정, 자금마련, 세액계산 등이 이루어지지 않았다면 과세관청에서 저가양도거래에 대한 세무조사를 시행하는 등 예상치 못한 상황들이 발생할 수 있습니다. 저가양도거래의 인정여부에 대해 의심하고 미리 대비하시는 분들도 많지만, 간혹 저가양도거래를 너무 단순하고 쉽게 생각하시는 분들도 있습니다. 실제로 전문가의 도움 없이 직접 진행한 뒤 국세청 또는 세무서로부터 문제가 있음을 전달받고 연락 주시는 경우가 있습니다. 사실관계에 따라 다를 수 있지만, 저가양도는 일반적으로 세무상 이슈가 다양하게 존재하고 여러 규정이 복합적으로 적용되는 컨설팅이므로 쉽게 생각해서는 안 될 것입니다.

〈5〉 양수자의 양도소득세

증여세를 부담하지 않고 저가양도를 진행한 경우 주택을 양수한 자의 주택 취득가액은 시가가 아닌 실제 매매가액으로 적용됩니다. 예를 들어 시가 10억 원의 부동산을 7억 원에 양수한 자녀가 향후 시세가 올라 해당 부동산을 제3자에게 13억 원에 양도하는 경우 시세차익인 6억 원에 대해 양도소득세가 부과됩니다.

따라서 진정한 절세를 위한 저가양도 컨설팅은 저가양수자가 향후 양도할 때의 양도소득세까지 함께 고려하여 가장 유리한 매매금액과 거래방식으로 이루어져야 합니다.

05
자녀의 내 집 마련을 도와줄 절세컨설팅: 교환

지금까지 가족 간 소유권 이전 방식 중 부동산을 온전히 받는 증여, 부동산을 받을 때 담보되어 있는 채무를 함께 가지고 오는 부담부증여, 현금으로 대가를 지급하고 사오는 가족 간 매매거래에 대해 알아봤습니다.

'교환'은 여러 소유권 이전 방식 중 가장 어렵고 난해할 수 있는 거래입니다. 부동산 교환은 가족 간 매매거래와 유사하지만 현금이 아닌 부동산을 대가로 지급하는 거래행위입니다. 앞에서 살펴본 가족 간 매매거래는 당사자가 양도자와 양수자로 구분되지만, 교환은 쌍방 모두 양도자와 양수자에 해당합니다. 따라서 교환은 당사자 모두가 양도소득세와 취득세의 납세의무자가 되므로 각자에게 적용되는 서로 다른 세법 규정을 모두 검토해야 하며, 만약 교환하는 부동산의 가치가 동일하지 않은 경우에는 증여세가 추가로 부과될 수 있습니다.

1. 양도소득세

교환은 당사자 모두 양도소득세 납세의무자가 되므로 부동산 외 현금의 지급, 채무의 승계 등 교환의 내용에 따라 각자의 양도가액이 달라질 수 있습니다. 또한 특수관계인 간의 교환인 경우 저가양도에서 적용됐던 부당행위계산의 부인 규정이 동일하게 적용되므로 교환의 대가가 상이한 거래라면 각자에게 적용되는 양도가액 역시 달라질 수 있습니다.

교환은 크게 2가지로 구분할 수 있습니다.

구분	내용
단순한 교환	시가 감정 및 정산 절차를 수반하지 않은 교환
단순하지 않은 교환	시가 감정 및 정산 절차를 수반하는 교환

세법에서 시가 감정 및 정산 절차를 수반하지 않는 단순한 교환은 교환의 실가가 불분명한 경우에 해당할 수 있으며, 단순하지 않은 교환은 실가가 분명한 경우에 해당할 수 있습니다. 각 상황에 따른 양도가액 산정기준은 다음과 같습니다.

구분		양도가
실가가 불분명한 경우		교환하는 부동산의 기준시가 등으로 추계한 금액
실가가 분명한 경우	정산차액이 없는 교환	취득하는 부동산 가액
	정산차액이 있는 교환	취득하는 부동산 가액 + 받은 현금 - 지급한 현금

자녀에게 주택을 주는 절세의 기술

실가가 분명한 경우 양도가액은 교환으로 인하여 취득하게 되는 부동산의 가액에 현금 수수가 있다면 해당 금액을 가감하여 산정합니다. 만약 특수관계인 간 거래로서 부당행위계산의 부인 규정이 적용되는 경우에는 저가양도와 동일하게 양도가를 산정합니다.

실가가 불분명한 경우에는 교환계약서에 기재한 교환가액에도 불구하고 과세관청에서 매매사례가액, 감정가액, 기준시가에 따라 양도가액을 결정하여 양도소득세를 추징할 수 있습니다. 추계과세란 납세자가 허위로 신고한 경우 과세관청이 추정하여 결정한다는 의미입니다. 실지거래가액을 알 수 없다고 인정되는 경우 「소득세법」에 따라 추계의 방식으로 과세함에 있어서 명확한 근거규정은 없지만 과세 형평 재고를 위해 부과할 수 있는 것으로 해석할 여지가 있습니다.

다만, 납세자가 직접 추계과세로 소득세를 신고납부 할 수 있는지 여부에 대한 판단은 별개의 문제이며, 예외적으로 시가 감정을 하지 않더라도 객관적인 시가를 반영할 수 있는 자료에 의거하여 정산차액을 지급하는 등의 교환거래는 실가가 분명한 경우로 인정되는 경우도 있으므로 판단은 사실관계에 따라 달라질 수 있습니다.

> [교환거래 사례1]
>
> - 부모님 소유 A 주택: 시가 10억 원
> - 자녀 소유 B 주택: 시가 8억 원
> - A 주택과 B 주택을 교환하면서 정산차액 2억 원을 지급하는 경우
>
> ① 부모님 양도가: 10억 원(취득하는 부동산 8억 원 + 받은 현금 2억 원)
> ② 자녀 양도가: 8억 원(취득하는 부동산 10억 원 - 지급한 현금 2억 원)
>
> 가치가 상이한 부동산을 교환하면서 차액에 대하여 현금으로 지급하는 경우 양도가는 취득하는 부동산 가액에서 수수한 현금 금액을 가감하여 산정합니다.

2. 증여세

직계존비속 등 특수관계인 간 교환거래를 하는 경우로서 현금교환하는 자산의 가치가 서로 다르다면 적은 대가를 지급한 당사자가 얻은 재산적 이익을 증여받은 것으로 보아 증여세가 부과될 수 있습니다.

〈1〉 교환금액

모든 교환거래에 증여세를 부과하는 것은 아니며, 교환하는 자산의 차이가 min(시가의 30%, 3억 원)을 초과하는 경우 증여세가 부과됩니다.

교환에 따른 양도소득세 계산 시 부당행위계산 부인이 적용되는 대상이 min(시가의 5%, 3억 원)인 것과 비교하면 증여세법에서는 그 범위를 보다 넓게 보고 있습니다.

⟨2⟩ 증여세 계산

교환금액의 차이가 min(시가의 30%, 3억 원)을 초과하는 경우로서 증여세 과세대상 금액은 교환차액에서 min(시가의 30%, 3억 원)을 뺀 금액으로 규정하고 있습니다.

3. 절세방안

⟨1⟩ 교환시기 조절

부동산 교환은 다른 소유권 이전 방식과 다르게 당사자 쌍방이 보유하고 있는 모든 부동산의 객관적인 교환가액을 고려해야 하므로 교환일 현재 각 부동산의 사실관계에 따라 최적 교환방식이 달라질 수 있습니다.

[교환거래 사례2]

- 부모님 소유 A 주택: 시세 18억 원, 공시가 12억 원
- 자녀 소유 B 주택: 시세 13억 원

1. 최근 실거래가가 존재하는 경우

A 주택과 B 주택의 최근 실거래가 존재하는 경우 객관적인 교환가액은 각 주택의 시세를 기준으로 산정합니다. 따라서 자녀는 시세의 차액 5억 원의 자금을 이체하거나 증여세를 부담하면서 교환을 진행해야 합니다.

2. 최근 실거래가가 존재하지 않는 경우

만약 A 주택과 유사한 물건이 일정기간 동안 매매되지 않아 최근 실거래가가 존재하지 않으면서 추가로 일정한 요건을 충족하는 경우에는 시세가 아닌 공시가격을 기준으로 교환가액을 산정할 수 있게 됩니다. 이 경우 A 주택의 공시가격과 B 주택의 시세가 유사하므로 증여세와 자금력의 부담 없이 교환을 진행할 수도 있게 됩니다.

따라서 교환하려는 부동산의 최근 거래내역 등 종합적인 사실관계를 충분히 파악한다면 상황에 맞게 유리한 교환 방식을 취할 수 있습니다.

〈2〉 교환하기 유리한 부동산을 선택

교환의 당사자가 여러 가지 부동산을 소유하고 있는 경우 부동산의 종류에 따라 최적의 교환 방식이 달라질 수 있습니다. 예를 들어 부모님이 소유하고 있는 부동산이 아파트가 아닌 상가 또는 토지이면서 일정한 요건을 충족하는 경우 적정 시세보다 저렴한 금액으로 교환할 수 있습니다. 따라서 보유하고 있는 부동산의 사실관계를 파악하여 현재 시점을 기준으로 교환하기에 가장 유리한 부동산을 파악한다면 보다 적은 세금으로 목표하는 결과를 얻을 수 있습니다.

만약 채무가 담보되어 있는 부동산이라면 채무금액을 활용하여 교환으로 발생하는 세금을 절세할 수도 있습니다.

〈3〉 교환 후 양도 계획

교환으로 취득한 부동산의 취득금액은 교환거래 계획을 수립할 때 쉽게 놓칠 수 있는 부분입니다. 교환거래가 진정한 절세컨설팅이 되기 위해선 교환으로 취득한 부동산을 향후 양도할 때 발생하는 양도소득세를 함께 고려해야 합니다. 교환거래의 결과가 당장 발생하는 세금은 줄이지만 향후 적용되는 양도소득세가 오히려 증가하는 것이라면 복잡하게 교환거래를 하는 실익이 없게 됩니다.

부동산의 가액이 동일하다면 취득금액 산정이 어렵지 않겠지만, 실제로 교환하는 부동산의 가치가 동일한 교환거래는 굉장히 드물고, 부동산 외 현금지급액이 있거나 전체 대가가 동일하지 않은 내용의 교환이 대부분입니다. 교환의 내용과 방식, 교환가치에 따라 부동산의 취득가액은 다르게 산정되며, 실제로 부담한 비용이 온전히 취득가액으로 인정되지 않아 교환 후 양도소득세에서 불리하게 적용될 수 있습니다. 교환은 당사자 모두가 부동산을 계속해서 소유하게 되는 거래이므로 반드시 교환 이후의 양도소득세를 함께 고려해야 합니다.

4. 유의할 사항

⟨1⟩ 양도소득세

　교환계약서에 기재한 교환가액이 객관성을 띠는 적정한 실가로 보기 어렵다면 교환계약서를 작성했음에도 불구하고 과세관청이 산정한 적정한 금액으로 결정될 수 있습니다. 이에 따라 비과세가 적용되지 않거나 고가주택인 경우에는 예상하지 못한 상당한 세금과 가산세가 추징될 수 있으니 유의해야 합니다.

⟨2⟩ 저가매매와 고가매매의 기준

　가치가 상이한 교환은 당사자별로 저가양도가 되기도 하며 고가양도가 되기도 합니다. 해당 거래의 차액이 일정 금액 이상인 경우 증여세가 부과되는데 이때 판단기준금액에 대한 규정이 명확하지 않습니다.

　일반적인 양도계약은 양도자와 양수자, 증여계약은 증여자와 수증자로 구분되므로 세법에서도 각 당사자에 적용되는 내용에 대해 구체적으로 규정하고 있습니다. 반면 교환은 당사자 모두 양도·양수자가 되며, 각 당사자에게 적용되는 규정이 쌍방당사자일 때 발생할 수 있는 모든 사례를 포함하지 못하고 있습니다. 이렇게 법 규정이 충분하지 못한 경우에는 예규 또는 판례 등을 참고하여 실무를 진행해야 하지만, 교환거래의 경우 이마저도 부족한 부분이 많습니다. 따라서 교환거래는 해당 컨설팅에 대한 경험과 전문성이 충분한 세무전문가와 함께 진행하시는 것이 보다 안전할 것입니다.

〈3〉 취득세

　세법에서 교환의 취득세는 일반적인 매매거래와 동일하게 규정하고 있습니다. 교환은 서로에게 매매하는 것으로서 당사자 모두 매매로 인한 취득세율이 적용됩니다. 따라서 교환 당사자가 보유하고 있는 주택 수에 따라 다주택자 취득세 중과세율이 적용될 수 있습니다. 만약 교환하는 주택 외 주택을 추가로 보유하고 있다면 일시적 2주택을 활용하여 중과세율을 피할 수 있습니다.

　교환은 당사자 모두가 취득세 납세의무자이므로 대가가 상이한 부동산을 교환하는 경우 문제가 발생합니다. 현행 세법은 낮은 가치의 부동산을 취득하는 당사자의 취득세에 대해 취득하는 부동산의 가치를 기준으로 부과하는 것이 아닌 대가로 지급한 높은 가치의 부동산을 기준으로 취득세를 부과하고 있습니다.

　다만, 교환에 따른 취득세는 법에 명확하게 규정하고 있지 않아 실무에서 다양한 해석의 여지가 존재하며, 교환의 내용에 따라 취득세를 환급받을 수 있는 사례도 있으니 면밀한 검토를 통해 취득세에서 불리함이 없도록 진행해야 합니다.

〈4〉 교환거래 인정 여부

　가장 중요한 것은 교환거래의 인정 여부입니다. 교환거래는 거래의 특성상 제3자 간 거래 비중이 많지 않으며, 절대적인 거래 수도 적어 사회통념상 합리적인 교환거래를 특정하기가 쉽지 않으며, 세법에서도 적정한 것으로 인정되는 교환거래의 구체적인 기준에 대해 규정하고 있지 않습니다.

따라서 교환거래를 계획하여 실행했지만 교환가치의 객관성, 정산차액 지급여부, 담보되어 있는 채무의 종류와 승계 가능여부 등 사실관계에 따라 거래의 실질이 교환으로 인정되지 못하는 경우도 발생하고 있습니다. 교환거래에서 가장 중요한 부분은 객관적인 교환거래로서 적법한 형식과 실질을 갖추어 거래 자체가 인정되지 못하는 결과를 방지하는 것입니다.

5. 결론

부모님이 1세대 1주택자로서 저가양도를 활용하여 적은 세금으로 자녀에게 자산의 이전하고 싶지만, 자녀가 저가양도를 위한 자금력이 부족하거나 이미 주택을 보유하고 있어 2주택자가 되는 것이 부담스러운 경우 교환을 통하여 해결할 수 있습니다. 이외에도 아래와 같이 절세효과뿐만 아니라 다양한 사례에서 유용하게 활용할 수 있는 컨설팅입니다.

다만, 활용 범위가 넓은 만큼 컨설팅의 난이도가 높고 관련 규정이 충분하지 못하여 다양한 해석의 여지가 있을 수 있으므로, 발생할 수 있는 세무상 쟁점들을 사전에 꼼꼼히 살펴 교환거래 후 예상하지 못한 세금이 추징되지 않도록 해야 할 것입니다.

- 부모님과 자녀가 각각 주택을 소유하고 있고 각자가 서로의 주택에서 거주하고 있으며, 계속해서 거주를 원하는 경우 임대차계약 등 없이 효율적으로 소유권 이전 가능
- 저가양도 진행을 하기 위한 자금이 충분하지 않은 경우 소유하고 있는 부동산을 대가로 활용하여 저가양도와 동일한 효과를 얻을 수 있음
- 부모님이 향후 시세가 오를 것으로 예상되는 주택을 증여하고 싶지만, 자녀가 이미 주택을 보유하고 있는 경우 교환을 통하여 양도소득세 문제 해결 및 증여세를 절세할 수 있음
- 주택을 보유하는 세대가 일시적 2주택, 혼인합가 비과세 등 일정 기간 내 주택을 양도해야 하는 경우 유사한 상황에 놓인 제3자와 교환을 통하여 당사자 모두 양도기간 문제를 해결할 수 있음